JN106280

無意識を鍛える

メンタルトレーナー・
心理技術アドバイザー
梯谷幸司

フォレスト出版

はじめに　潜在意識は腕のいいタクシーの運転手

本書をお手に取っていただき、ありがとうございます。

この本は「潜在意識」、さらには私たちのすべてをコントロールしている「メタ無意識」の領域にアプローチして、誰もが豊かな富を引き寄せていくための自己変革プログラムを初公開したものです。

タイトルのとおり**「無意識を鍛える」ための実践的な方法**を徹底してお伝えします。

ところで、意味のわからない法律や、納得がいかないルールを、ずっと守り続けなければいけないと言われたら、あなたはどう思いますか？

おそらく、「ふざけるな！」と思うでしょう。

それと同じことを、あなた自身が、自分の潜在意識にやっているとしたらどうでしょうか。

「お金を稼ぐ意味がわからない」「何のために収入を増やせばいいのかわからない」

潜在意識はそう思っているのに、「とにかく収入を増やせ！」と指示を出しているかもしれません。

あなたが意味のないことをやらされると抵抗するように、潜在意識も抵抗します。

もしあなたが、現在の収入に満足していないとしたら、そんなことが起きている可能性があるのです。


潜在意識は腕のいいタクシー運転手に似ています。

行き先を告げれば確実に連れて行ってくれます。

しかし、「お客さん、どこに行きます？」と言われて、「いやぁ、渋谷のほうに行くと傷つきそうだな。新宿のほうに行くと気分悪くなりそうだしな」と言っていると、どこにも行けません。


「結局、どこに行きたいんですか？」

「わからない。とりあえずお金がほしいだけなんだよね」

「えっ、何のためにお金がほしいんですか？」

「それがわからないんだよねぇ、お金がほしい目的も」


……これではどんなに腕のいいタクシー運転手でも、目的地に連れて行くことはできません。目的があいまいでも無理です。


「お客さん、どこ行きます？」

「日本に行ってください」

「お客さん、ここ日本ですけど」


目的が明確でないと、脳も潜在意識も何をしたらいいかわからないのです。

前著『なぜかうまくいく人のすごい無意識』では、私たちの背後にあってすべてを左右している「メタ無意識」について解説し、おかげさまで大反響を呼びました。

この本のテーマは、この「メタ無意識」を富に活用することです。

しかし、単にお金を稼ぐことが目的ではありません。

「富を集め、充満させる人格をつくる」方法を伝えたいのです。

ここでいう「富」とはお金のことだけではありません。**富をもたらす人、チャンス、環境、考え方、健康状態……ありとあらゆる事象に「無意識」は関与します。**

与えられた役割、生きる目的を充満させ、全うしていく。

そのために必要なリソースの集め方をトレーニングしていくプログラムです。

この本を手にとってくださった方々には、さまざまな動機があると思います。

断言します。いずれの場合にも、この本でお伝えすることはこれからの時代、誰もが必須になってくるに違いありません。

人生を面白くしていくため、選ばれる人になっていくために、ぜひ活用していただければ幸いです。

無意識を鍛える　もくじ

イントロダクション

「無意識」を人生の味方につける

STEP 1

無意識を鍛えるための準備体操

STEP 2
メタ無意識を自在にコントロールする

STEP 3
無意識を鍛える実践トレーニング

STEP 4 自分の思いどおりに現実世界を書き換える

STEP 5 集合的無意識にアクセスして「答え」を得る

装丁・本文デザイン 小口翔平+岩永香穂+加瀬梓(tobufune)
イラスト 市村譲
図版制作 二神さやか
執筆協力 水原敦子
DTP キャップス

首から下で稼げるのは1日数ドルだが、
首から上を働かせれば無限の富を生み出せる。

トーマス・エジソン（発明家）

イントロダクション

「無意識」を人生の味方につける

あなた自身が理不尽な潜在意識の主人になっていないか？

ここに2人の社長がいます。

A社長「俺の私利私欲のためにお前らは働け」
B社長「私はこういう世の中をつくりたい。こういう商品を通して世の中を元気づけたい。そのために、みんな協力して売上を伸ばしてくれないか」

あなたはどちらの社長の下で働きたいでしょうか。
おそらく、「A社長の下では働きたくない。B社長の下で働きたい」と思うでしょう。でも、もしかしたら、あなたは潜在意識に対して、このA社長のようになってしまっているかもしれません。

「自分の不安解消のために金を稼いでくれ」
「旅行に行きたいから金を稼いでくれ」
「誰かを見返してやりたいから金を稼いでくれ」
「みんなの注目を集めたいから金を稼いでくれ」

A社長みたいな態度をとっていると、潜在意識も「どうしてお前のために働かなきゃいけないんだよ！」と思うようになります。

潜在意識が抵抗してしまうとお金は集まってきません。

潜在意識は「何のためにお金を集める必要があるんですか？」と、あなたに必ず聞いてきます。潜在意識はちゃんと理由さえ教われば、お金も、人脈も、情報も、全部喜んで集めにいくのです。

限界という名の思い込みが高い収入を得られることを妨げている

みなさんは、自分の個人年収の限界はどれくらいだと思っているでしょうか。

もし年収1000万円ぐらいが限界だと思っていれば、900万円に手が届きそうになると、脳はブレーキをかけ始めます。潜在意識は限界に近づきたくないからです。

それなら、限界を1000万円ではなく、3000万円にしておけばいい。1000万円はただの通過点になってしまうので、1000万円なんかすぐに超えてしまいます。

ところが、誰もが漠然とした「限界」を自ら設定しているのが現状です。

しかし、そもそもその限界も、信じ込みでしかありません。

潜在意識にとっては、1万円稼ぐのも1億円稼ぐのも同じです。

どちらも単に「お金を稼ぐ行為」として認識します。

ではなぜ、1万円を稼ぐのが簡単で、1億円稼ぐのは難しいのか？

まさにこの言葉の中に答えがあります。

「1万円稼ぐのは簡単だけど、1億円稼ぐのは難しい」

こうした信じ込みがあなたの中にあるからです。

お金に関しての信じ込みがブレーキをかけているだけなのです。

年収300万円の人は、年収300万円の「器」、年収300万円の「人格」でいるから、300万円しか入ってきません。

年収1億円の人は、年収1億円の「器」、年収1億円の「人格」でいるから、1億円が入ってくる。ただそれだけの話です。

どういう人格でいるのか。それが投影されて、現実が加工されていきます。

発明王トーマス・エジソンは、「首から下で稼げるのは1日数ドルだが、首から上を働かせれば無限の富を生み出せる」と言っています。

では、実際にどうすればいいのでしょうか。

「未来への意識」と「人格の大きさ」が収入に比例する

私は27歳で独立開業しました。

そのとき、預金残高は１４２８円しかありませんでした。昼間は営業、夜は日雇いのバイトをしながら生活をしのいでいたときもありました。

世の中で活躍して、収入も得たい。

だから、世の中で活躍している人を見つけては、話を聞かせてもらっていました。

その中に興味深い人物が５人いました。

彼らは、生活保護を受けていたり、ニートだったり、アルバイト生活だったり、派遣社員だったりと、普通の人よりちょっと所得が低い状態からスタートしていました。

それなのに、あることに気づいてから、平均５年で個人年収１億円を突破していたのです。

その5人のうちの1人にこんなことを言われました。

「ハシガイさん、『時は金なり』って言葉、どういうふうに解釈してる？」

私はこう答えました。

「時間はお金と同じくらい大事なものだ、という意味なんじゃないですか？」

すると、「普通そうだよね。俺も昔そう思ってたから」と言われたのです。

その人はかつて派遣社員として働いていました。そして、いつも給料日が待ち遠しかったそうです。給料が入ると家賃を払い、ローンを払い、カード決済したデート代を払って、すぐに使い切ってしまう。そしてまた1カ月後の給料日が待ち遠しくなっていました。それがあるとき、ふと思ったというのです。

「ちょっと待てよ。1カ月先の給料日までしか意識が飛んでいないから、1カ月分の収入しか入ってこないんじゃないか。1カ月先ではなく、1年後、3年後、5年後、10年後、30年後と意識を飛ばしたらどうなるんだろう？」

そして1年後、3年後、5年後、10年後、30年後、こんな感じで収入を得ていたい、こんなことをやっていたいと想像していたら、収入が増え始めたというのです。

そしてまた、あるとき気づきました。

「ちょっと待てよ。自分という器が小さければ、いくら時間軸の先まで意識を飛ばしても、範囲が狭いままではないか。自分という器を横に広げて、1年後、3年後、5年後、10年後、30年後と意識を飛ばしたらどうなるだろうか」

縦軸が時間軸、横軸が自分のセルフイメージという器の枠。それを広げていくと、自分の意識を広げる時空間が拡大します。器を大きくして1年後、5年後、10年後、30年後をイメージしていくと、さらに収入が増えていき、5年ほどで個人年収が1億円を突破したというのです。

その話を聞いて、私はピンときました。

「『時は金なり』とは、『時間はお金と同じくらい大事』程度の意味だと解釈していましたが、それは大間違いだったんですね！」

読んで字のごとし、**「時は金なり」とは、自分が広げた時空間が、入ってくる富（お金）に比例してくる**ということだったのです。

ミリオネアが描く時間とセルフイメージの相関図

Time is Money

大転換を迎える世界で「選ばれる人」になるには？

「欲望の資本主義」というNHKの番組で、世界の経済学者や哲学者が「資本主義の時代は終わった」と語りました。資本主義は大きな曲がり角に来ており、今までの資本主義のルールで生きてきた人は埋もれていくというのです。

ではどうすれば、選ばれ求められる人になっていくのでしょう。

あなたは、沈みゆく泥船に乗っていたいですか。

沈むとわかっているなら乗っていたくはありませんよね。

しかし、あなた自身が、その沈みゆく泥船になっていないでしょうか。

「この人は沈みゆく泥船だな」と思うと、人は近寄らなくなります。

人が集まってこなくなると何が起きるでしょうか。

お金は人が管理しているものですから、人が集まらないということは、お金が集ま

らないということになります。

では、泥船ではなく、誰もが安心して乗っていられる船、みんなが憧れるような豪華客船であるためには何が必要でしょうか。

資本主義が終わりにきた今、新しい感性主義の時代が到来します。

年収300万円だろうが、1000万円だろうが、1億円だろうが、10億円だろうが、年収はいくらでもかまわないと思います。

ただ、一度きりの人生です。せっかく生まれてきたのですから、世の中で活躍したい、自己実現していきたい、世の中に変化をもたらしたい、世の中に新しい体験をもたらしていきたい、世の中を力づけていきたいと考える人もいていい。

余って埋もれていく人になるのではなく、選ばれ求められる人になっていく。

そのためにお金が必要なのであれば、どのように富を集め、どのように富を充満させていく人格をつくるのか。

その方法をこれから教えましょう。

重要なのは「いけるかも」という感覚

それでは、**肩慣らしのウォーミングアップ・エクササイズ**をやってみましょう。

あなたが現在の身長のまま、10年後、どれくらいの個人年収になっているか、直感で考えてみてください。

次に、あなたの身長が300メートルくらいになったとイメージしてみてください。東京タワーと同じくらいに巨人化し、世界中を歩き回っているところを想像しましょう。

大股で東に行って、一度中心に戻り、今度は西に歩いてみてください。ジャンプして大陸に渡ったりします。巨人のまま歩きながら、世界中でビジネスをしています。

このように巨人化した自分の10年後の個人年収は、どれくらいになっているでしょうか。それを想像してみてください。

あなたが10年後に巨大化していたら……？

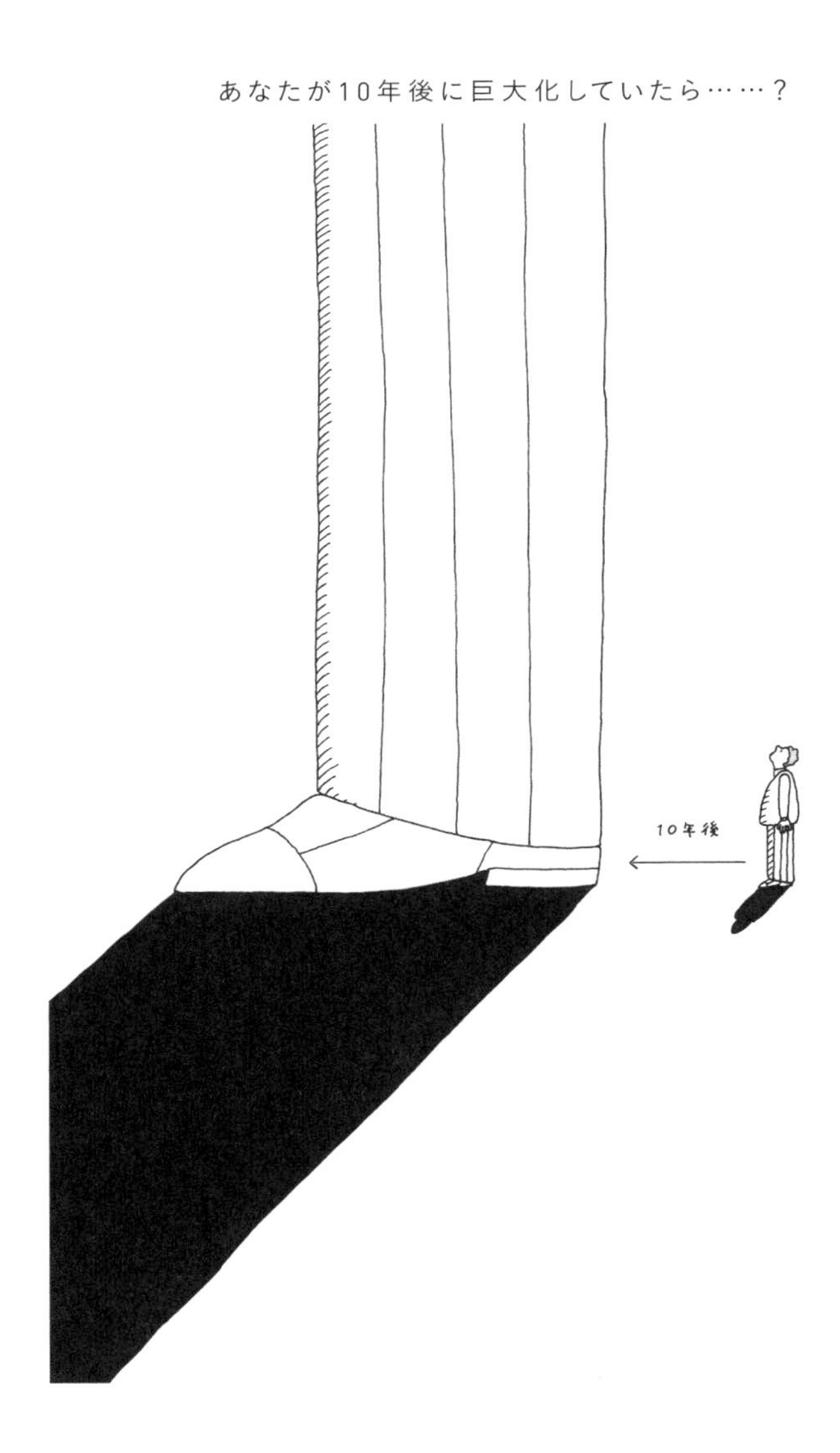

今の身長のままでビジネスをしている10年後と、巨人化した自分が世界中でビジネスをしている10年後。個人年収はどういう違いがありそうでしょうか。

ここで重要なのは「現実をつくっていくのは記憶ではなく感覚」ということです。

現在の身長のままでいけば、10年後はどんな年収になるだろうか。

「個人年収1000万円くらいかな」という感覚の人もいるかもしれません。

ところが、巨人になって、世界中を飛び回ってビジネスをしているとなると、どうでしょうか。

「1億円くらい軽くいくんじゃないかな？」「いや、2〜3億円はいってるかも」

そんな感覚になった人もいるかもしれません。

重要なのはこの**「いけるかも」という感覚**です。

STEP 1

無意識を鍛えるための準備体操

STEP 1-1

あなたの1〜30年後の将来像を描く

「答え」がないところに「問い」は存在しません。

問いが自分の中に生まれるということは、何か答えがあるはずです。

脳は答えが出ないことを嫌います。ずっと問いかけていくと、脳は答えを探し続け、さまざまな答えを出してきます。

まずは、意識の奥にあるものを一度洗い出してほしいのです。

ビジネス面、プライベート面、それぞれざっくりと、1年後から30年後までの自分の将来像を考えてみましょう。

1年後、3年後、5年後、10年後、15年後、20年後、25年後、30年後の区切りで、まず自分のビジネス面、そしてプライベート面で、やりたいことを集中的に洗い出してみます。

1年後から30年後までの自分の将来像

	ビジネス面	プライベート面
1年後		
3年後		
5年後		
10年後		
15年後		
20年後		
25年後		
30年後		

どうしてそれが欲しいのか？

やりたいことが洗い出せたら、次にその奥にあるものを探ってみましょう。

「どうしてそれをやりたいのだろうか」
「どうしてその結果が欲しいのか」

すると、何かしらの答えが出てきます。
さらに、その奥で何を求めているのか、探っていってほしいのです。
たとえば、ビジネスではこういう仕事をして、こういう成果を得たい、このように注目されたいと願っているとします。

では、何のためにそういう成果が欲しいのか？
←
「人に認められたいから」
←
何のために認められたいのか？

←「自分には力があるという感じが欲しいから」

←**何のためにその力が欲しいのか？**

「何のために？」という問いかけを続けて、どんどん奥にあるものを深掘りしてほしいのです。

「よくわからないからもう投げ出してしまえ！」

これでは富は集まってきません。

通勤途中、テレビを見ながら、お酒を飲みながら、お風呂に浸かりながら、何のために私は「これ」が欲しいのだろうと問いかけてください。

そんなことを考える機会はあまりないと思います。

そこでまず一度、たたき台として洗い出してみてほしいのです。

「何のために」と考えていくと、行き詰まる場合もありますが、かまいません。「自分は何のためにそれが欲しいんだろうか」と、さらに問いかけてみてください。

STEP

1-2

過去の失敗は何のために必要だったのか？

世界中に「神話」と呼ばれるものが残されています。日本には日本書紀や古事記、ヨーロッパにはギリシャ神話やローマ神話など。

そして神話の研究者は言いました。

「世界中に残る神話のあらすじはほとんど共通している」

たとえば華々しく活躍する主人公。しかし、さまざまな人間関係の確執があり、生きるのが嫌になって洞窟に隠れてしまいます。そこへ、賢者が現れ「おまえは何をやっているのだ」と語りかけます。

「兄弟との確執、家族との確執、さまざまな人との確執があり、生きるのが嫌になりました」

そんな主人公に、賢者はこう諭すのです。

「過去の失敗や挫折、つらかったこと。それらはすべて、生きる目的につながっている。よく考えてみなさい」

また洞窟の中に引きこもり、主人公は考え始めます。

何のためにあのつらかった出来事は必要だったのだろうか。

そこから自分の生きる目的、役割、何を開発する必要があったのか、見つけ出すことができるのです。

自分の生きる目的、そして与えられている役割がなぜ必要なのか？

実はそれらを売っていくことは、一番お金になるからです。

あなたの生きる目的や与えられた役割が明確になり、そのために必要なお金、情報、人脈など、富につながるものを、ちゃんと指示を出せば、脳は集め始めます。

何を集めたらいいのかわからないから、脳は集めないだけのことです。

脳は単純です。「使命」を全うしてほしいから、それに必要なものを集め始めます。

このステップでは、「私はこういうふうに生きる。だからこれを集めてくれ」という指示を出すことを脳にやっていきます。その入口として、まず過去の出来事を振り返り、自分に与えられている使命、自分の売りになる部分を洗い出していきます。

過去のネガティブな出来事を洗い出すワーク

過去を振り返ると、誰しも、失敗や挫折、つらかったこと、我慢していたこと、病気や怪我などがあったと思います。

知識や能力が足りない、こんなに情けない自分はダメだ、こんな頭の悪い自分はダメだ、もっと頑張らなきゃ。劣等感、罪悪感、無力感、無価値感、孤独感……。

こうしたネガティブな感情がつきまとう出来事が起きた後、どんな影響があったでしょうか。

そんな出来事を、まず10個洗い出してください。

次に、その後に起きたことを洗い出しましょう。

そして、その出来事を何のためにつくりだしたのか。

自分自身に問いかけてください。

10個を並べてみると、「**ちょっと待てよ、私の人生はこういう生きる目的があった**

過去のネガティブな出来事を10個洗い出す

	ネガティブな感情がつきまとう出来事	その後に起きたこと
①		
②		
③		
④		
⑤		
⑥		
⑦		
⑧		
⑨		
⑩		

↓

何のためにつくりだしたのか？

んじゃないか。人生からこういう役割を与えられていたのではないか？」と、だんだん気づいていきます。

余裕があれば、10個に限らず、20個でも30個でも300個でも500個でも、洗い出してかまいません。多ければ多いほど、すべてがガシャンとひっくり返っていきます。

次に、それら10個をネタにして本にするとしたら、どういうタイトルで出版したいでしょうか。

サブタイトルはどうしたいでしょうか。

そして、その本を通して世の中の人に伝えたいメッセージはなんでしょうか。

最後に、本に載せる著者のプロフィール文も考えてみましょう。

自分はどういう人間で、どういう経歴があって、そしてどういう思いでこの本を出したのかを考えていただきたいのです。

世の中に出す本ですから、売れないと困ります。「この本面白そうだな」「感動しそうだな」「勇気づけられそうだな」「素晴らしい気づきが得られそうだな」と思わせるタイトルが必要です。

簡潔な言葉でタイトルが決まったら、説明的なサブタイトルをつけてください。

アマゾンの売れ筋ランキングなどを見ると、売れる本には「世の中、こういうことを求めている人が多いんだな」と気づきます。売れる本のタイトルは秀逸ですから、参考にするのもいいでしょう。

ネガティブな記憶は「そこに人生の教訓がある」という目印

楽しかった出来事やうれしかった記憶は忘れやすいものです。

一方、過去のネガティブな感情がついている記憶は、なかなか忘れられません。

しかし、こういうネガティブな感情、感覚はじつは目印や旗みたいなもの。


「この出来事を忘れないでね。教訓として生かしてもらうものなんだから」

あなたに生きる目的や与えられている使命に気づいてもらいたいから、わざわざネガティブな目印が残されているのです。

しかし、それをネガティブな解釈のまま残しておくと、「自分の人生、苦労ばかりだった」とダメージになってしまいます。

「苦労はいつかは報われる」とよく言われますが、残念ながら実際には報われません。「人生は苦労するもの」という前提で世の中を見ていますから、ずっと苦労が続きます。

そもそも、自分の人生における物事をネガティブに解釈している時点で、人生を前向きに評価する力がないということになります。

「世の中の人を力づけるために、気づきを与えるために、さまざまな技術を伝えていくために、これは必要な出来事だったんだ」

こうしてネガティブな感覚を見直し、ひっくり返していく必要があるのです。

STEP 1-3

「未来の記憶」「本当の自分」を思い出す

ここからは、**未来の記憶**を思い出していきます。

「未来なんて未体験なんだから、記憶などあるわけないじゃないか」

あなたはこう思うかもしれません。
しかし、アインシュタインはこう言っています。

「過去、現在、未来。すべては幻想である」

そもそも時間などというものは存在しないのです。

あなたは小学校1年生のときの算数の授業がどのようなものだったか、覚えていますか？　私は全然思い出せません。

実際に体験したことでも、思い出せないことはたくさんあります。

未来の記憶も、それと同様で、思い出すのに少し時間がかかるだけの話です。

精神科医であり医学博士のデヴィッド・R・ホーキンズ博士が考案した**17段階の意識レベル**によると、人間の意識のいちばん下は「恥」、いちばん上は「悟り」のレベルです。

悟りのレベルに到達している人たちは、こんなことを言います。

「私には記憶がありません。なぜなら過去がないからです」

悟りに到達した人たちは、時間というものが本来ないことに気づいているのです。

今、今、今、今、今。今の連続があるだけ。

過去も未来もありません。

ただ「大きな『今』がある」という感じです。

17段階の意識レベル

	意識レベル	パワーの数値	感情	
1	悟り	10の70~100乗	言葉を超えたもの	↑達成可能なレベル
2	ピース	10の60乗	至福	
3	悦び	10の54乗	平穏	
4	愛	10の50乗	尊敬	
5	理性	10の40乗	理解	
6	包含	10の35乗	許し	
7	進んで	10の31乗	楽天的	
8	中性	10の25乗	信頼	
9	勇気	10の20乗	肯定	
10	プライド	10の17.5乗	軽蔑	達成困難なレベル↓
11	怒り	10の15乗	憎しみ	
12	欲求	10の12.5乗	渇望	
13	恐怖	10の10乗	不安	
14	悲しみ	10の7.5乗	後悔	
15	無気力	10の5乗	絶望	
16	罪悪感	10の3乗	非難	
17	恥	10の2乗	屈辱	

デヴィッド・R・ホーキンズ『パワーか、フォースか』(三五館)より

「人生」という舞台のシナリオとメッセージを把握する

あなたは**舞台で芝居を演じる俳優**だとします。

台本には、今回の役割、キャラクター、ラストシーン、主たるメッセージが書かれています。あなたは台本を読み、セリフを覚えて、何度も練習を重ね、芝居のエンディングに向かって、舞台でメッセージを伝えていきます。

そのために必要なストーリーや配役、舞台のセットが用意されています。

シナリオを把握し、自分は世の中にこんなメッセージを伝える役割があるのだと理解し、伝えていく。ここでしっかり演じられる人には、「次の舞台もやってくれる?」とオファーが来るはずです。

人生も同じです。配役、環境、セットが用意され、ラストシーンも決まっています。

しかし、そのラストシーンがわからないと、「私は何を演じたらいいの?」「どんなことを世の中に伝えたらいいの?」と混乱します。

「観客」も、「この人は何がやりたいのだろう……」と戸惑うはずです。

そんな人には人気も出ないでしょうし、仕事の発注も来ないでしょう。

そのうち、その他大勢に埋もれていく人になり、ビジネスもうまくいかなくなって、行き詰まってしまいます。

平行世界で活躍している自分を「思い出す」

「未来の記憶」は必ずあります。

未来の記憶は、脳科学の世界では**「潜在記憶」**と呼ばれています。潜在的にある記憶です。そこに「本当の自分」の記憶があります。

人は、自分の中にないものは想像できません。つまり、想像できるということは、達成している自分がどこかにいるということです。

パラレルワールドとか、並行世界と呼ばれる概念をご存じですか。これは、この世界とは別に、同時並行で進んでいる世界が複数あるという、アメリカの大学でも真剣に研究されている概念です。

これはさきほどの「17段階の意識レベル」で説明するとわかりやすいでしょう。パラレルワールドでは下位の意識レベルで進んでいる自分もいれば、上位の意識レベルで進んでいる自分もいます。同時進行で、さまざまなレベルの自分が存在するのです。

必ず高いレベルの自分もいます。ところが、それを思い出さないことには、残念ながら上位の世界には行けません。

とはいえ、上位の自分を思い出そうとしても、答えはなかなか出てきません。

しかし何かにたとえると、答えはツルッと出てきます。

これが潜在意識のひとつの特徴です。

そこで、偉人たちの言葉を手掛かりにして、本来の自分の姿を思い出してみましょう。

偉人の言葉を手掛かりに「本来の自分」を思い出すワーク

まず、さまざまな偉人たちの名言をご紹介します。これらを読み、「自分の考えに似ている言葉」「こういう考えで生きたいと思う言葉」「自分の考える理想に似ている言葉」を考えてみてください。

この20人に限らず、ネットや本で見た「偉人たちの名言集」なども参考にしてけっこうです。そして、自分が望む生き方、理想とする生き方に似ている3人を挙げてください。

偉人たちの名言①

アンリ・ベルクソン

「人間というものは、自分の運命は
自分で作っていけるものだということを、
なかなか悟らないものである」

中村勘三郎

「走っていれば脛（すね）も打つし、
傷を負って血も出るよ。
でも、人は生あるうちにしか走れない。
じっとして考えてばかりいるより、
息せき切って走っているほうが、
俺の性分に合っている」

坂本 龍馬

「世の人は、
我を何とぞ言わば言え。
我がなす事は、
我のみぞ知る」

高村 光太郎

「愛とは愛することだよ。
愛されることではないのだよ」

藤原 銀次郎

「すぐ役立つ人間は、
すぐ役に立たなくなる」

スティーブン・R・コヴィー

「人は変わらざる中心がなければ、
変化に耐えることができない。
変化に対応する能力を高めるには、
自分は誰なのか、
何を大切にしているのか
を明確に意識することである」

セオドア・ルーズベルト

「失敗することがあっても、大きなことに取り組んで、栄誉ある勝利を獲得するほうが、
大した苦労もない代わりに大した喜びもない臆病者の群れに加わるより、
はるかにいい。
臆病者は、勝利も知らなければ、敗北も知らない灰色の生活を送っているのだから」

ピーター・ドラッカー

「優先順位の決定にはいくつか重要な原則がある。すべて分析ではなく、勇気に関わるものである。第一に、過去ではなく未来を選ぶ。第二に、問題ではなく機会に焦点を合わせる。第三に、横並びではなく独自性をもつ。第四に、無難で容易なものではなく変革をもたらすものを選ぶ」

ダン・シーハン

「偉大な人物は、批判者たちが投げた石でモニュメントを建てる」

R・L・スタイン

「人生は思いもよらない時に、横っ面を張り飛ばすような衝撃を与えることがある。
だが、心配はいらない。時が経てば、
苦痛は消え、その体験は自分のものとなるだろう。体験は情報を与え、情報は客観性を与え、客観性は英知を与え、
英知は真実を与え、真実は自由を与えてくれる。そして、私達は二度とふたたび打ちのめされずに済むようになるのだ」

偉人たちの名言②

マザー・テレサ
「神はわたしに成功を
おさめることではなく、
真心をつくすように命じた」

チャーチル
「凧が一番高く上がるのは、
風に向かっている時である。
風に流されている時ではない」

マーク・トウェイン
「あなたの大きな夢を萎えさせるような
人間には近づくな。
大したことない人間ほど、
人の夢にケチをつけたがるものだ。
真に器量の大きな人間は、
自分にも成功できると思わせてくれる」

大友直人
「どんなに実現したい夢を持っていて、
しかもそれが叶わなくても、
それはそれで人生は流れていく。
だけど流されているのと、
自分で漕いでいるのでは、
その違いは大きい」

ホイットマン
「寒さに震えた者ほど
太陽を暖かく感じる。
人生の悩みをくぐった者ほど
生命の尊さを知る」

マリー・コンドルセ
「もし今日の自分が明日の自分と
同じであるならば、
今日の自分は昨日の自分の奴隷に
すぎない。人間の特質はそうではなくて、
日々新しく創造的に昨日の自分を
乗り越える、そこに人間の本質がある」

イチロー
「小さなことを
積み重ねることが、
とんでもないところに行く、
ただひとつの道だと思う」

ゴーリキー
「明日何をすべきか
分からない人は、不幸である」

ジェームズ・バリー
「幸福の秘訣は、自分がやりたいことを
するのではなく、自分がやるべきことを
好きになることだ。」

ジェームズ・アレン
「気高い夢を見ることだ。あなたは、
あなたが夢見たものになるだろう。
あなたの理想は、あなたが、
やがて何になるかの予言である」

さて、あなたは彼らのどういう考え方に惹かれるでしょうか。

その3人を1人の人格に合体させるとどういう人になるか、想像してみてください。

そして、あなたがその人格でこれから生きていったとしたら、数十年後、死ぬ直前、どういう状態になっていそうでしょうか。

ビジネス面はどういう状況が作られているでしょうか。売上、扱う商品、人間関係、周囲の評価などを想像して、簡単な絵にしてみてください。

また、プライベート面はどうなっているでしょうか。家族、住む場所、人間関係、やっていることを想像して、簡単な絵にしてください。

3人を合体させた1人の人格として生きていった場合、数十年後の死ぬ直前、周りの人たちや世の中の人たちは、あなたをどういう人だと評価しているでしょうか。印象や評価を振り返ってみてください。

これが**未来の「本当の自分」を思い出すワーク**です。

理想とする3人の人格を合体させて「本当の自分」を思い出す

STEP 1-4

ベストなタイミングで潜在意識にアクセスする

寝る直前と朝起きたときが潜在意識をあやつるカギ

寝る直前に考えていたことが夢の中で繰り広げられるということが、夢の研究でわかってきました。

子供を寝かしつけるときに絵本を読み聞かせる「読み聞かせ」。

これは、寝る前に聞いたことを、寝ている間に学習する、催眠手法を使った先人の知恵です。寝る前の子供に読み聞かせすると、夢の中で潜在意識の調整が始まるのです。

誰しも朝起きた直後はぼーっとしています。この時も、まだ催眠状態です。

我々は、日常生活で意識している表層構造（顕在意識）、そして、意識されていいな

い深層構造（潜在意識）があります。

この顕在意識が眠っている状態を催眠状態といいます。ある種のトランス状態であり、潜在意識がむき出しになっています。これが朝起きたときの状態です。

やがて日常生活が始まると、だんだん目が覚めて、意識がはっきりしていき、表の理性、顕在意識が壁になり始めます。潜在意識が隠れてしまうのです。

寝る前に考えたことは、夢の中で潜在意識に入って調整されやすいですし、朝起きた直後のぼーっとしているときは理性が邪魔しないので、メッセージを入れやすくなります。

経営者の個人セッションでやってもらうワーク

前のステップで理想的な3人の人格を1人に合体させて未来の「本当の自分」を思い出すワークをやりました。

経営者の個人セッションでは、この「本当の自分」の記憶をもっと明確にしてもらいます。

それは、**夜寝る前、そして朝起きた直後、5分でいいので「本当の自分」の記憶を**

毎日繰り返し想像するというワークです。

毎日繰り返していくと、未来の記憶もリアルに思い出していきます。

このワークを毎日続けた企業経営者たちにどんなことが起きたでしょうか。

1カ月ごとに個人セッションに来られる経営者の方々に私はこう聞きます。

「社長、この1カ月、何をやってました？」

「寝る前と朝起きたとき、ぼーっとしながら未来の記憶を思い出しているんだよ」

「で、何が起きました？」

「それがびっくりしちゃうんだけど、業績がリアルに伸びてきたんだよ」

いきなり業績が伸びるわけではありません。だんだんアイデアが湧いてきて、さらに有力な情報が得られたり、新しいビジネスのオファーが入ってきたり、優秀な人を紹介されたり、それらをうまく活用していったら売上が上がっていったのです。

これはほとんどの経営者に共通しています。

寝る前、起きた直後、「本当の私はこういう人だ」という記憶が呼び覚まされるの

朝起きたときと寝る直前が鍵

で、どんどん「本当の自分」に近づいていきます。

すると、その表現が始まります。

本当の自分でいるときは、健康も、プライベートも、ビジネスも一番うまくいきます。

「本当の自分」でいるために、これくらいのお金が必要だとわかると、脳はそれを集めます。

こうした一連の流れを起こすためには、「本当の自分」の記憶をはっきりさせなければならないのです。

STEP 1-5

未来に意識を置く

競泳選手マイケル・フェルプスが金メダルを獲れた理由

競泳の北島康介さんが活躍していた同時期、アメリカにマイケル・フェルプスさんという選手がいました。彼は「水の怪物」と呼ばれ、オリンピックやさまざまな世界選手権で優勝争いをしていました。金銀含め、10年間で300近くのメダルを獲得しました。

この桁違いの競泳選手を育てたコーチにマーク・シューベルトさんという人物がいます。彼に興味があった私は、来日セミナーに行きました。

そこでシューベルトさんはこう語っていました。

「野球やフットボールは普段からテレビ中継があるのに、競泳はオリンピックのときぐらいしか中継されない。マイケルにはそれが不満でした。『**俺は競泳をメジャーなスポーツにしたい。そのためには、金メダルを取る必要がある**』と彼は考えたのです」

そこでフェルプス選手は、メダルを取るには、何メートルを何秒で泳ぐ必要があるのかをまず計算しました。何メートルを何秒で泳ぐためには、クロールであれば1メートルを何かきする必要があるのか。計算結果を模造紙に書いて天井に貼り、寝る前と朝起きた直後、イメージトレーニングをしていたというのです。

私はそこで思いました。

「なるほど、その手があったか！」

未来に意識を置くと必要な神経が生じ始める

何メートルを、何かきして、何秒で泳ぐ。朝晩それを想像すると、なぜ効いたのか。アメリカの大学でこういう実験がありました。

研究対象である人に、脳のある部位に脳波計をつけてもらい、次のような質問をしたのです。

「去年の誕生日は何をしていましたか？」

脳のある部位は、一切反応しませんでした。次にこんな質問をしました。

「今年の誕生日はどう過ごしたいですか？」

今度は急に激しく反応し始めたのです。

この「ある部位」とは、**運動神経を生やすように指示を出す部位**でした。

「去年の誕生日は何をしていましたか？」という質問は、過去に焦点が当たっています。これでは運動神経がつくられません。

それに対して「今年の誕生日はどう過ごしたいですか？」という質問は、未来に焦点が当たっています。**未来に焦点が当たると、運動神経を生じさせることがわかったのです。**

少し離れた場所のものを手に取りたいと思ったとします。

そのためには、1歩、2歩と近づき、手を伸ばさなくてはいけません。

「こういうことをしたい」と、未来に焦点を当てると、脳は「こういうふうに体を動かせば、それが達成できる」と考え、指示を出します。そして、運動神経を生やすところから始めていくのです。


「私は何メートルを、何かきで泳ぐ必要がある」

「なぜなら、金メダルを取る必要があるから」


そうイメージトレーニングをすると、必要な運動神経がつくられ始めます。しかし、すぐには動けません。神経を生やし、慣らして、そしてまた神経を生やし、慣らしての繰り返しです。そうやって実際に体が動くようになり、現実が変わり始めるのです。

「私が人生に何を望むか」ではなく「人生が私に何を望むのか」

ヴィクトール・フランクルという、有名な精神科医・心理学者がいます。

彼はユダヤ人だったため、第二次世界大戦でナチスの強制収容所に収容されました。しかし、ドイツ軍が負けたことで、生きて解放されたのです。

戦後、彼は、強制収容所で生き残った人たちの共通点は何だったのかを研究しました。そして、こんなことを言っています。

「ナチスの強制収容所で生き延びた人々は、自分は人生に何を求めるのか問うのをやめ、人生が自分に何を求めているのかを問うように、考え方を変えていった」

この言葉の真意は、このように考えるとわかりやすいでしょう。

たとえば、Aさんは、ある企業の営業スタッフとして雇われました。

しかしAさんは、「企画がやりたい」「財務がやりたい」「人事がやりたい」と、頓珍漢なことを言い始め、しまいには「給料が上がらない」「上の人が自分を評価してくれない」と不満でいっぱいになりました。

社長からすれば、「君は営業スタッフとして雇ったんだよ。それなのに営業をしないで企画がやりたい、人事がやりたい、財務がやりたいと言い出した。与えた仕事をやっていないのだから、正しく評価するわけないじゃないか」と思います。

こういうとき、あなたが社長だとしたら、このAさんをどう扱いますか。

「今回のあなたの役割は営業だから。人事とか企画だとか、どうでもいいんだよ。役割を全うしないのなら、給料は上げない。何ならクビにするよ」

人生でもこれと同じことが起きているのです。

「本当の自分」が与えている役割に気づかず、「俺はあれがやりたい」「これがやりたい」と言っているから、収入が上がらない現象が起きます。

とても恐ろしい話ですが、病気になる、事故に遭う、命を落とすというのは、「全然変わる気がないみたいだから、あなたはクビだ。次の人を雇うから」ということに近いのです。

自分が人生に何を求めているのかではなく、人生が自分に何を求めているのか。

そう問い始めた人がアウシュビッツでは生き残った。

つまり、企画がやりたい、人事がやりたい、財務がやりたいというのは「自分が人生に何かを求めている」人たちです。

そうではなく、ヴィクトール・フランクルの言う「人生」、私の表現で言うと「本当の自分」が、私という存在に何を求めているのかが鍵なのです。

人生というのは、こういうメカニズムなのです。

自分の与えられた使命に気づかずに、頓珍漢なことをやっていると、いわゆる富、情報、人脈など、必要なものは何も集まってきません。

だから、「本当の自分」の記憶を洗い出すことが必要だったのです。

STEP 1-6

「自分の売り」をあぶり出す

自分の売りを売らなければ幸せを感じられない

アメリカの大学でこういう調査がありました。

60歳以上の資産家や成功した起業家、いわゆる「セレブ」たちに、全米で一斉にアンケートを取りました。

質問は非常にシンプルです。

「あなたは幸せですか？」

驚きの結果が出ました。8割以上が「幸せではない」と答えたのです。世間から見たら「十分幸せだ」と思われている人たちなのに、なぜ幸せではないと感じているのか。さらに大学は追跡調査をしました。

幸せではないと感じる一つ目の理由が、「勝ち負けのルールで動いていた」という点でした。あいつに勝ちたい、あいつに負けたくないという前提から動いたら、成功してしまったのです。

なぜそれが幸せではないと感じるのか。

勝ったら勝ったで、「いつか負けるのではないか」という不安がつきまとい、負けたら負けたで、勝った人を妬(ねた)むしかありません。

いずれにしろ、精神的には大変負担です。

そして、**幸せではないと感じる二つ目の理由が、「他者との比較で動いていた」ということ。**あいつと比べて売上が大きいから自分はうまくいっている。あの人より年収が低いから自分はダメだ。私の言葉でいう「他者基準」で行動していたのです。

自分の基準で動かない限り、達成しても喜びはありません。

幸せではないと感じる三つ目の理由は、大変シンプルでした。

「やりたいことをやってこなかった」です。

たまたまビジネスが当たってお金を手にしただけで、自分がやりたいことではなかった。だから成功しても幸福感が感じられなかったのです。

「自分のやりたいことをお金にするなんて理想論だ。それができたら苦労しない」

よく言われます。

しかしそれは可能です。

自分のやりたいこととは何か。それは、「自分の売り」を売っていくことです。

そのためには「自分の売り」をハッキリ把握しないといけません。

「本当の自分」と「現在の自分」の差を洗い出す

そこで、**「自分の売り」は何か**を考えましょう。

これまでのステップで洗い出した、あなた固有のメッセージを伝えていく自分、そして未来の「本当の自分」。これらをAとします。

そして現在の自分。こちらをBとします。

AとBの二つを比較し、どういう差があるかをチェックしてください。そして、どんな差があるか、10個を書き出してください。実際には、20個でも30個でも200個でもかまいません。実際にノートに書き出すといいでしょう。

本来の自分と現在の自分、この差を洗い出せば洗い出すほど、ガシャンとひっくり返っていきます。

本来の自分であるA。現在の自分であるB。

この差を埋めるスキルを開発していった場合、世の中の人たちのどういう夢を叶えることにつながりそうか、世の中の人たちのどういう新しい体験につながりそうか、世の中の人たちのどういう幸福感や喜びにつながりそうか、考えてみましょう。

男女の性別に分け、10代、20代、30代と、年代別に考えます。10代の男性はこんなことに悩みそうだから、私が開発したものがこういうふうに使えるんじゃないか。30代の女性はこんな悩みや望みを持つ人が多そうだから、開発したスキルがこういうふうに役立ててもらえるかもしれない……。

ひらめいたところからどんどん埋めていきましょう。

そして、**差を埋める能力を開発した結果、どれを優先的にやりたいかを考えてみましょう**。ご自身のやりたいビジネス面とプライベート面、それぞれ10個ずつ挙げてみてください。

「本当の自分」と「現在の自分」を比較して自分の売りを導き出す

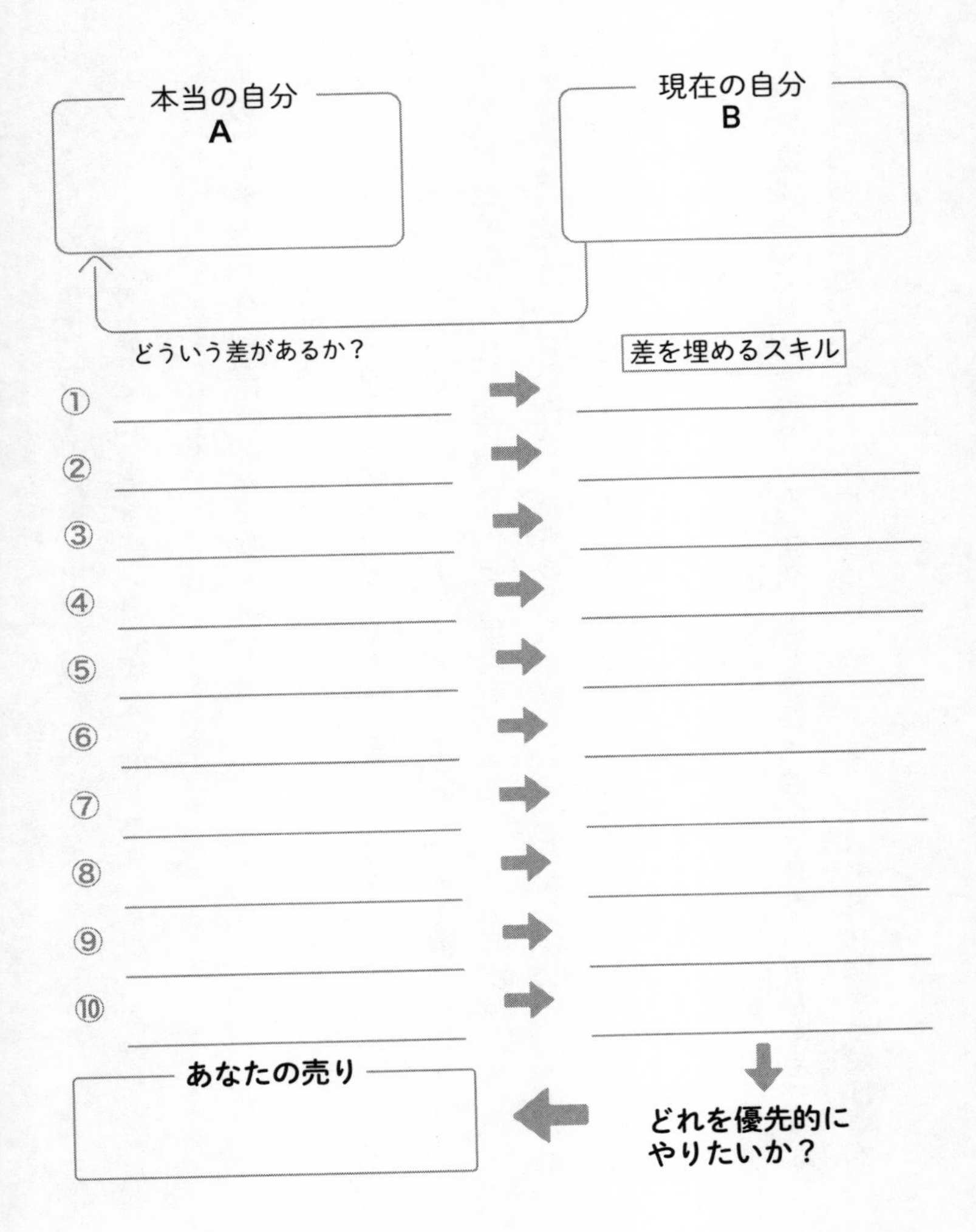

これが「あなたの売りは何か？」の答えになります。

あなたの「売り」ではないものを売っても、正直あまりお金にはなりません。そして、前述のセレブのアンケート調査でわかったように、「売り」ではないものを売ってお金を手にしても、残念ながら幸福になることはありません。

「本当の自分」から見たら「いやいや、あなたの売るものはそれじゃないから」「あなたは営業スタッフで雇ったんだから、仕事が違うよ」という話になってしまうのです。

天才ではないからこそ人にやり方を教えられる

世間から評価され、さまざまな活動を通じてお金を得ている「本当の自分」。

一方、能力がなく、お金も時間もない、人気もない「現在の自分」。

ここには差があります。

そもそも、この差は何のためにあるのでしょうか。

ある大手企業の社長と一緒に食事をする機会がありました。

「どうすれば社長みたいに稼げるんですか？」

私はわざとこんな質問をすると、「わからない」と社長は答えました。

「自分は毎日当たり前のことを当たり前にやっているだけの話で、どうすれば社長みたいに稼げるのかとかよく聞かれるんだけど、正直わからないんだよ」

私はそれを聞いたとき、「この社長はお金の稼ぎ方を教える役割で生まれてきたのではないのだな」と思いました。

天才というのは、自分のやっていることが当たり前すぎて、うまくいく方法を人に説明できません。だから天才は人を育てられないのです。

それに対して、とても貧乏な人が、お金を稼ぐ能力を開発して、お金持ちになったとしたら、**「あなたに合うかどうかわからないですけど、私はこうやって稼いできました」**と教えることができます。つまりその人はお金の稼ぎ方を教える役割があるのです。

元メジャーリーガーのイチローさんは、引退会見のとき、記者が「天才のイチローさんとしては……」と質問しました。するとイチローさんはすかさず言いました。

「私は天才ではありません。なぜなら私は自分がやっていることを説明できるから」

だからイチローさんは引退後にマリナーズのインストラクターとして、人を育てるほうに回ったわけです。

人生の欠けた部分こそが「自分の売り」になる

人は何かしら欠けている部分を持って生まれてきます。

普通の人はそれを「悪いこと」ととらえます。そして、「こんな恥ずかしい自分は隠さなきゃ！」とあがくので、自分のやりたいことや、生きる目的がわからなくなるのです。

いやいやいや、ちょっと待ってください。

生きる目的、あなたの役割が、その欠けた部分にあるじゃないですか！

あなたが避けようとしたものがあなたの売りです。人生とは、その人の役割のところが欠けた状態で始まるようになっているのです。

欠けている部分は、避けるのではなく、育てるのです。差を埋めるスキルを開発して、世の中に伝えていく役割があるからです。

お金の稼ぎ方を教える役割があるなら、人生はお金がない状態から始まります。そのノウハウを開発して、伝えていく必要があるからです。

それを誰かから学ぶのもいいでしょう。ただ、学んだものをただ伝えても売れません。ただの受け売りでは売れません。自分で開発する必要があるのです。

さまざまな勉強をして博識なA先生と、波乱万丈の人生を乗り越え、体験のなかから生々しい教訓を得たB先生。

人生という授業を受けるとしたらA先生とB先生、どちらに習いたいでしょうか。

大半の人はB先生を選びます。

人は体験した人から学びたい生き物なのです。

どんなに知識を持っていても、体験した人には勝てません。

体験した人のほうが、人を惹きつけ、影響を与えられるのです。

STEP 1-7

「必要なリソース」を洗い出す

自分の価値を世の中にもたらす戦略を自問自答するワーク

世の中の人たちの夢を叶えたり、新しい体験をもたらしたり、喜びや幸福感を与えたりするには、どういう戦略で自分のノウハウやスキルを価値としてもたらしていくべきかを考えていきます。

まず、どういうプロセスでやっていくか、自分自身に問いかけます。

問いがあるところには答えが必ずあります。

まず、問いかけないと答えは永遠に出てきません。

ざっくりでかまいませんから、どうすればうまく自分の価値を世の中に広められるだろうかと問いかけてください。

「わからない」というのは禁句です。「わからない」と言った途端、脳はそこで考えるのをやめてしまうからです。

分離しているように見える陸地も海底では一つにつながっている

この地球には海があり、さまざまな島や大陸があります。こうした陸地はそれぞれ独立しているように思いがちですが、いったん海に入ると、海底ではすべての陸地が一つにつながっています。

人も同じです。人間は個体として、「私」という分離した意識をそれぞれ持っています。しかし、深い部分では、意識は一つの大きな塊として存在するという概念があります。心理学では**「集合的無意識」**と呼んでいます。人によっては「宇宙」「サムシンググレート」など、さまざまな呼び名、表現方法があります。

アメリカの大学では、エジソンやアインシュタイン、レオナルド・ダヴィンチといった天才と呼ばれる人たちがどうやってアイデアを生み出したのか研究されています。そこでわかったのは、**天才たちは集合的無意識に問いかけていた**ということでした。

普通の人は、自分の頭で考えようとしているので、アイデアが煮詰まってしまいま

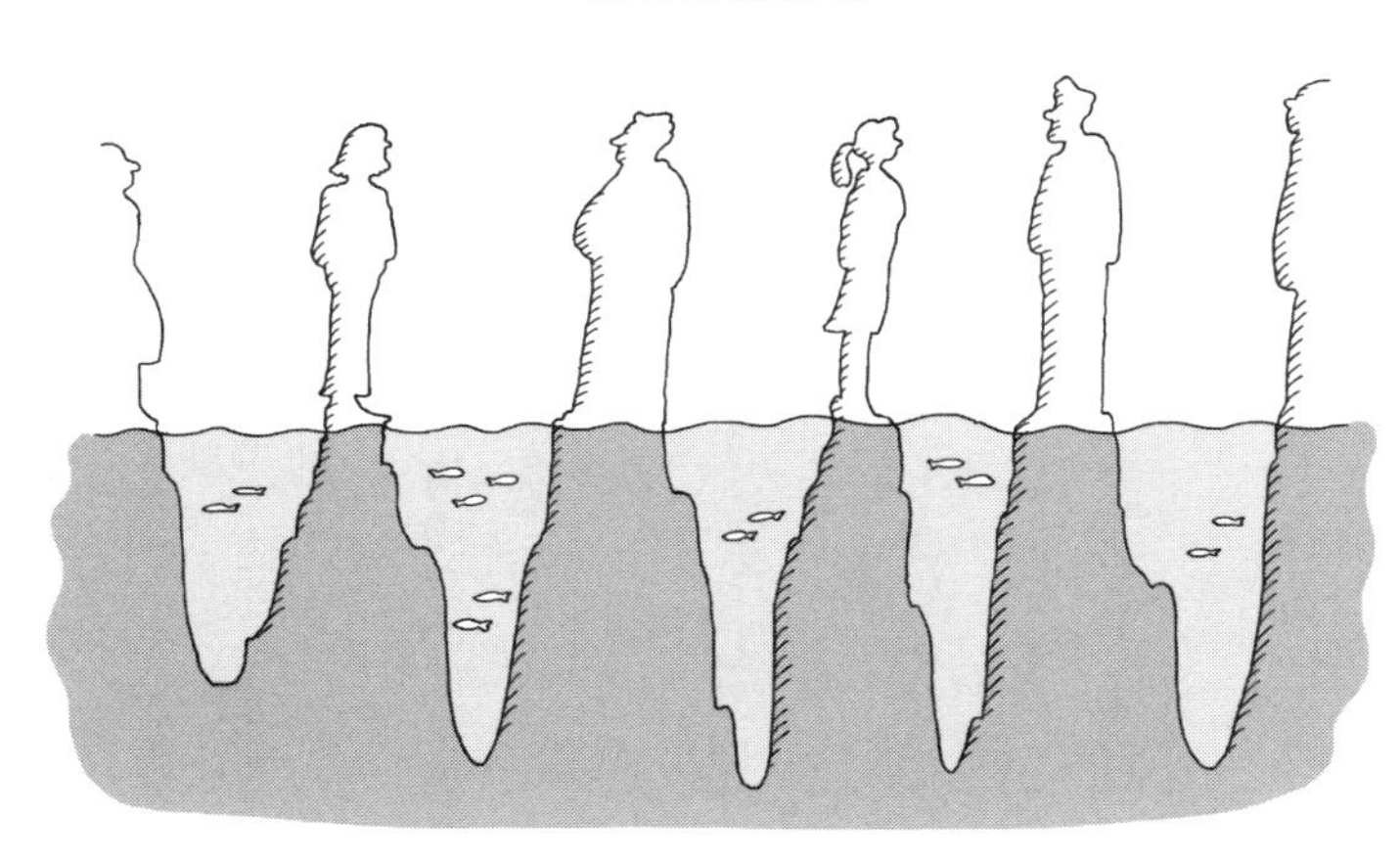

す。

しかし、**集合的無意識には、すべての人の意識が「足元」で一つにつながっています。そこには過去の偉人たちの知恵も詰まっています。**そして誰でも、偉人たちの知恵にアクセスし、知恵を拝借し、アイデアを引っ張り出すことができるのです。

ですから、まず問いかけることが大切なのです。

必要なリソースを洗い出して理由づけするワーク

新たな価値を世の中に広めていくにあたって、どういうリソースが必要かを考えてみましょう。

①どういう物質的なものが必要か、10個は書き出してください。パソコン、机、事務所など、いろいろあると思います。

そして何のためにそれが必要なのか、理由をつけます。**脳は理由がないことをやるのは嫌ですから、「何のためにそれが必要ですか？」と、必ず理由を聞いてくるのです。それに対して答えます。**

②その新たな価値をもたらしていくにあたって、どういう環境が必要かを洗い出してください。たとえばＩＴ系の仕事であれば、ネット環境が整っている日本のような場所でやるのか、ネット環境がないアフリカの砂漠でやるのかで、仕事の進め方が全然違うわけです。

そして、何のために必要なのか、理由をつけます。

③その新たな価値をもたらしていくためには、どういう人間関係が必要でしょうか。どういう知識、どういう情報が必要でしょうか。

それぞれ何のために必要か、理由をつけます。

④その新たな価値をもたらしていくためには、どういう健康状態が必要でしょうか。相撲取りなら大きい体が必要でしょうし、ビジネスパーソンであればスマートな体が必要かもしれません。容姿や体型も含めて健康状態を洗い出し、何のために必要なのかも理由づけていきます。

⑤その新たな価値をもたらしていくためには、どういう体験が必要か、これも洗い出していきます。その裏には、何のためにこれが必要なのかも理由づけていきます。

⑥その新たな価値を世の中にもたらしていくためには、どういう感情が必要でしょうか。**感情とは勝手に湧いてくるものと思うかもしれませんが、それは大間違いです。感情とはコントロールしていくものなのです。**

自分の価値をもたらしていくために、ワクワク感があったほうがうまくいくのであればワクワク感を、クールな感じが必要であればクールな感じを後からくっつければいいだけの話です。

もしかしたら怒りが必要かもしれません。「恐りが必要だ。なぜならこういう目的のために」というように、必要な感情を洗い出し、その理由もつけます。

エクセルにまとめて随時追加していく

これまでのステップで「理想の自分」でいるために、その価値をもたらしていくために必要な物質的なもの、環境、人間関係、知識、情報、健康状態、体験、感情を具体的に徹底して洗い出していただきました。

これが一つのたたき台になります。

ここから、お金、人脈、情報など、富を集めていく材料を脳に教えます。さらにしつこいほど、必要な物質、環境その他をどんどん追加していきます。

こうした情報を潜在意識に教えないから集まってこないのです。「本当の自分」の潜在意識は、単純に自分自身に使命を全うしてほしいので、そのために必要なものはちゃんと集めます。理想としては、エクセルで一つのシートをつくり、ステップ1から全部を書き出しておくことです。

必要なリソースをエクセルにまとめる

	具体的に記入	なぜ必要なのか?
物質的なもの		
環境		
人間関係		
知識		
情報		
健康状態		
体験		
感情		

STEP

1-8 「何のためにそういう自分でいたいのか？」を探る

言葉の追いつかない領域まで「何のために」を深掘りするワーク

ステップ１－２では、自分は世の中にどういうメッセージを伝えていく役割がある人なのかを、そしてステップ１－３では、本当の自分の記憶、与えられた役割、生きる目的を洗い出しました。

そこで、**これらを合体させて、１枚の絵にしてください。**

睡眠時に見た夢を思い出すとき、だいたいの人が映像になると思います。

潜在意識というのは、情報が映像で保存されているのです。

ですから絵にして潜在意識に教え、脳にイメージトレーニングさせていきます。

この絵にうまいへたは関係ありません。絵にするためには想像しないと描けませんから、想像してもらうのが目的です。

そして、さらに問いかけます。

何のためにそういう自分でいたいのか。

どうしてそういう価値をもたらしていきたいのか。

するとまた、答えが出てきます。

「このために、こういう自分でいたいんだ」と。

さらに、その奥で何を求めているんだろうかと深掘りします。

「何のために千本ノック」で願望の奥にあるものを探る

「何のためにそれがほしいんですか」

「（さらに奥にある）何のためにそれがほしいんですか」


私のセッションでは、こうした質問を20回、30回聞いていくのは当たり前です。

このやり方を「何のために千本ノック」と呼ぶ人もいます。

個人セッションに来られた方の中には、答えが出なくて半泣きになる人、苦しいと言い出す人もいます。しかし、そこに光を当てていく必要があります。

「何のためにそういう自分でいたいのだろうか」

その奥にあるものがずれているとうまくいきません。

世の中には、偉業を成し遂げるさまざまな人がいます。しかしなかには、途中でうまくいかなくなる人もいます。

生きる目的を入れる器の起点が間違ったまま突っ走ると、行き詰まってしまい、人生そのものをリセットしようとするのです。

ですから、何のためにそういう自分でいたいのかと、チェックする必要があります。

「本当の自分」で居続ける確信度合いを探るワーク

改めて問います。

あなたはあなた自身の奥にある大きな目的を持って生きていく「本当の自分」で存

在し続ける覚悟はありますか。

そういう自分で居続ける自信はありますか。

確信度合いのMAXが100％だとして、現在は何％くらいでしょうか。別に70％でも40％でもかまいません。100％でなければ、その理由を考えていただきたいのです。

「何がそう思わせているんだろうか？」
「何が足りていないんだろうか？」

ステップ1－7で洗い出した、物質的なもの、環境、人間関係、情報、知識、健康状態、体験、感情など、何があればいいのか。達成していくための必要なリソースをどんどん追加してください。多ければ多いほど、それがすべてお金に変わっていきます。

そして、さまざまなリソースを使いながらも、世の中にさまざまな価値をもたらしていくことができない、つまり「本当の自分」でいることが不可能だと思ったとき、そこにどういう思いや状況が浮かんできそうでしょうか。

やっていくとわかりますが、途中から言葉が追いつかない世界に入ります。

なんとなく抽象的な映像がぼんやり浮かんできたりします。

そのときは、その映像をメモしてください。


以上がステップ1－8のワークです。

ここであなたの回答を振り返ってみましょう。

まず、何のためにそういう自分でいたいのかを探ってもらいました。

よくあるのが「バカにしてきた連中を見返してやりたい」「貧乏から抜け出したい」「自分は学生時代に誰からも注目されなかった。だからみんなの注目を浴びてやるんだ」など、何かを避けたい、人に認められたいという回答です。

「人に認めてほしい」が起点になって活躍しようとすると、人生に問題が生じます。

活躍すればするほど、自分で自分のことを認めていないことを強調してしまいます。

裏では自分をいじめているわけです。

だから社会で活躍していても短命に終わる可能性も生じてきます。

何のためにそういう自分でいたいのか？

「何のために？」が義務だとうまくいかない

人間には、「Be」「Do」「Have」という3つの動詞があります。

Be＝「どのように存在するのか」＝あり方
Do＝「どういう行動を取るのか」＝アクション
Have＝「どういう成果を得るのか」＝結果

大半の人は「こういう結果がほしい（Have）から、こういう行動を取る（Do）」とやります。「Have」のために「Do」をするわけです。

たとえば、「お金」という結果がほしいからマーケティングの勉強をしてみたり、ビジネススキルを身につけてみたり、コミュニケーション能力を身につけてみたりします。この順番から行くと、大切なことが抜け落ちてしまいます。

「何のためにそういう自分でいるんですか？」

「何のためにそれをやるんですか？」
「何のためにそういう自分でありたいのですか？」

そこに「Be」が抜け落ちている人が多いのです。だから潜在意識が動きません。
そうではなく**「何のために生きるのか？」が大切なのです。**

私はこういう役割を果たす……目的
そのためにこんな人として存在する……Be
だからこうした行動を取る……Do
そして結果をつくる……Have

この流れだとうまくいきます。
しかし、ここで重要なポイントがあります。**「Be＝何のために」が、義務になっているか、欲求になっているか、チェックすることが重要です。**

「こんな弱い自分はダメだ。強くならなければ」

これは義務です。

「こんな貧乏は嫌だ。ここから抜け出すべきだ」

これも義務です。


〇〇しなければならない。〇〇すべきだ。こうあってはならない。

これらはすべて「義務」というメタ無意識です。

「裏の自分」が「表の自分」の成功を壊しに来る

「誰かに認めてもらいたい」

「みんなから尊敬されたい」


このように他人から認めてもらいたい欲求を**「承認欲求」**と言います。

私はよくセミナーでこう言います。

「『他人から認めてもらおう』なんて、ただの不純物です」

他人に認めてもらわないと、あなたの価値はないのでしょうか？
自分で自分の価値を認めていないのですか？
そんなものを求めてお金を得ようとしても、うまくいきません。

「Be」の方向がずれていると、お金を稼ごうが活躍しようが、問題が起きます。
自分が自分を否定しているのに、世の中で評価されて活躍し始めると、**「ダメな自分に、人気が出てはいけない」**と、裏の自分が表の自分を壊しに来るのです。

かつてスーパー銭湯で営業しているうちに人気が出たある音楽グループが、NHK紅白歌合戦にも初出場を果たし、一夜のうちに全国レベルで有名になったことがありました。

しかし年明け早々、メンバーの一人が、元カノからお金をだまし取ったなどさまざまな女性問題が表沙汰になり、世間から叩かれて引退に追い込まれてしまいました。
これは想像にすぎませんが、彼の潜在意識に「自分はダメな人間だ」という思いがあったのかもしれません。それなのに有名になってしまった。

「私はダメな人間だから、価値ある人間になってはいけない」

こうして潜在意識はあなたをガシャーンと壊しに来るのです。
また、清純派で売っていたのに、裏で違法薬物に溺れ、それが露見して逮捕されてしまった女優さんもいます。

「本当は清純派じゃないのに、清純派として評価される自分でいてはダメだ」という思いが、潜在意識にあったかもしれません。

それゆえに違法薬物を使い、ばれてしまったということも考えられます。
Beが間違えている、そして何かを避けようとしている。すると以上のような現象が起きてくるのです。

「裏の自分」が「表の自分」の成功を壊しにやってくる

STEP 1-9

そこに「自己決定感」はあるか？

「本当の自分」をうまく表現できない。世の中に新たな価値をもたらすことができない。そう感じたとき、あなたは正直どう感じるでしょうか。

「へこむ」「悲しい」「むかつく」

ネガティブな感情が出るパターン。

「うまくいったらうれしいけど、うまくいかなかったらへこむ」

結果に一喜一憂するパターン。

こうした反応パターンが出た場合、それはあなたに自己決定感がない証拠です。

「どういう自分でいたいのかという目的」が「義務」になっているのです。

それを確かめるために次の質問を自分にしてみましょう。


「『本当の自分』でいるためにそれを本当に心の底からやりたいですか？」

この問いは、非常に重要です。

「自己決定感」が前頭前野の活動を決める

脳に**前頭前野**という部位があります。

前頭前野は人間の活動の目的を管理し、体に指示を出す部位です。

前頭前野がポジティブな状態、つまり脳の報酬系が働くと、心身に良い影響を与えるホルモンが出ます。しかしネガティブな状態では、ストレスがかかってしまいます。

脳科学でこういう実験がありました。

AとBの2つのストップウォッチがあります。これらを使い、目を閉じて、ぴったり5秒で止めてもらいます。誤差が小さかった場合はご褒美をあげます。

ただし、AとBのどちらのストップウォッチでやるかは、コンピュータもしくは自分が選びます。

【ストップウォッチをコンピュータが選んだ場合】

コンピュータが選んだストップウォッチでやらされた場合、成功したら前頭前野がポジティブな状態になりました。「うまくいった」と、脳が喜んでいるのです。

しかし失敗すると、前頭前野がかなりネガティブに振り切りました。脳が落ち込んでいるのです。スケールがあるとしたら、成功するとプラス3くらいなのが、失敗するとマイナス4くらいになる感じです。

【ストップウォッチを自分で選んだ場合】

それに対して、別の条件でストップウォッチを止める実験をしました。

その結果、成功しても、さほどプラスの反応をしません。そして失敗したら、成功したときと同じくらい、プラスに反応したのです。

こちらの条件では、AとBのストップウォッチ、好きなほうを被験者が自分で選びました。すると、5秒でぴったり止めても、あまり喜びません。

それに対して、うまく止められなかった場合も脳が元気なのです。

どういうことでしょうか。

コンピュータがストップウォッチを選んだほうは、自己決定感がありません。見えない何かに、「このストップウォッチでやりなさい」と指示を出されています。すると、成功するとうれしいけれど、失敗するとへこむ。

自己決定感がない場合は、結果に一喜一憂するのです。

それに対して、**好きなストップウォッチを自分で選ぶと自己決定感があります。**

その場合、成功しているのになぜプラスにあまり動かないのか。

「成功するのは当たり前」

「だって、自分で選んだストップウォッチでやってるんだから」

一方、失敗すると、「どうすればうまくいくんだろう？」と脳が考え始めるのです。

「このゲーム、うまくいかないな。次はクリアしてやる！」と、ゲーム感覚になり、脳が元気になるのです。

自己決定感がない場合は、結果に一喜一憂して、マイナスに振れる。

自己決定感がある場合は、失敗してもマイナスには振れず、「どうすればうまくいくだろう」と反応する。

これが一つの重要な分かれ目になります。

実際、自己決定感がある実験群とない実験群、同じストップウォッチを使っても、自己決定感がある場合のほうが、5秒でぴったり止める確率も格段に高かったというのです。

こうした実験から、**自己決定感が前頭前野を動かす**ことがわかってきました。

「自己決定感」が前頭前野を動かす！

自己決定感が不足している原因は何か？

「さまざまなリソースを使いながらも、世の中に新しい体験、世の中の人たちの夢を叶えること、幸福感、喜びを与えていくこと、さまざまな価値をもたらしていくことが達成不可能だ」

このように思ったとき、つまり「『本当の自分』でいることが不可能だ」と思ったとき、あなたはそこにどういう感情や感覚が浮かびそうですか？

改めて、これは非常に重要な質問です。

結果に一喜一憂する、ネガティブな感覚が発生する場合、それは自分が決めたことではないという証拠です。

うまくいく人は、「気づいていない道があるはずだから絶対探し出す」と考えます。

「へこむ」などのネガティブな感情はいちいち持ち出しません。それは見えない何かに振り回されている、自己決定感がない証拠ですから。

もし現在のあなたに「自己決定感」がないのであれば、何が原因なのか、探ってほしいのです。

物質的なもの、環境、人間関係、情報、知識など、何があれば「うまくいく」という感覚になるのか。

そこでまた必要なリソースを洗い出し、エクセルの表にどんどん追加していきます。

これが多ければ多いほど、集まるお金は比例します。

「必要ならお金を集めればいい」と動くのが、潜在意識だからです。

STEP 2

メタ無意識を自在にコントロールする

STEP
2-1

自分の「メタ無意識」を調べる

外部を観察する能力が進化とともに内観に向かった

脳は頭蓋骨の中にありますが、実際は外側で自分の動きを見ているような働きをします。ではどうして自分の動きを見るようになってしまったのでしょうか。

原始時代、人間は危険な動物や他の部族に襲われることもしばしばあったでしょう。ジャングルに食料を探しに行き、何か物音がしようものなら、ビクッと身構えたに違いありません。常に危険を意識していたので、「こいつは俺の敵か？　戦う気はあるのか？」と、外部を観察する能力が鍛えられていったはずです。

やがて進化を始めると、集団が生まれ、集落になり、社会が形成されていきました。そして、動物や他部族にいきなり襲われることも少なくなったと考えられます。

その結果、「せっかく外部を観察する能力を鍛えたのに使い道がない」と、外部を観察する能力を持て余すようになります。

そこで、その能力を「自分を観察すること」に使い始めたのです。

人間の進化の過程で、脳が自分の動きを観察し、「私はこんな人だ」という信じ込みをつくるようになっていったと考えられます。

メタ無意識は潜在意識のフィルターとして働く

脳、つまり潜在意識は、集合的無意識と連携します。

しかし、集合的無意識をそのまま反映するのではなく、一度自分の「フィルター」を通し、情報を「加工」して取り入れているのではないかと私は気づきました。

心理学ではこういう説明がされます。

まず、外部の現実世界があります。人は五感を通して五感情報を得ます。その奥に無意識があり、さらにその奥に潜在意識があります。その反対側には、表の意識と言われる顕在意識があります。

ただ、世間的には潜在意識と無意識は混同されがちです。そこで、潜在意識と別であることをわかりやすくするために、私は「メタ」という言葉を使って、無意識を**「メタ無意識」**と呼び始めました。

「メタ」というのはギリシャ語で「超えたもの」という意味です。

五感情報と潜在意識のあいだには、メタ無意識と私が呼ぶ「フィルター」が1枚関与していると、私は認識し始めたのです。

私が解明したメタ無意識は、13のカテゴリーに分けられます。

それぞれのカテゴリーには2パターンの分類があります。

あなたはどちらか、考えてみてください。

①主体性　「主体行動型」「反映分析型」

やろうと考えていることを今日やるとしたら、すぐ行動に移すのが**「主体行動型」**です。一方、うまくいくかどうか、周りの人の出方や様子をみてからやるかやらないかを決める。これは**「反映分析型」**といいます。

②動機づけの方向性　「目的志向型」「問題回避型」

目標や目的があるときにモチベーションが上がる人は**「目的志向型」**です。

一方、不安やリスクを避けることにモチベーションが上がる人もいます。「バカにしてきたやつらを見返してやりたい」「貧乏から抜け出したい」「こんな恥ずかしい自分を変えたい」「生きている感覚がほしい」。こうしたタイプは**「問題回避型」**です。

③喜びの判断基準　「自分基準」「他者基準」

得ようとしていること、やろうとしていることのモチベーションが、称賛や承認など、他人を必要とする基準を**「他者基準」**といいます。外的基準ともいいます。他者基準の人は「他人が認めてくれたらうまくいった」と判断します。

それに対して、他人の評価なんてどうでもいい、私はそれをやりたいからやるんだというのが**「自分基準」**です。内的基準ともいいます。

自分基準は、他人からの称賛を必要としません。「あなたはつまらないと思うんですね。なるほど」という感じです。うまくいっているかどうかは自分で判断するからです。それに対し、「みんなが認めてくれたら私には価値があると思える」というのは他者基準です。

ある画廊の社長がこんな話をしてくれました。

同じような知名度の画家が2人います。

ひとりは「有名になりたい」「もっと売れたい」「世間から評価されたい」と思っています。しかし、そういう画家が描いた絵は売れないというのです。

それに対して、「俺は描きたい絵を描いているだけ」「そもそも俺は自分の絵を売る気なんてない」「だから値段をつける気もない」、そういう画家の絵は、お客さんが「これ、いくらだったら売ってくれるの?」と尋ねてくるらしいのです。

世間から評価されたい、有名になりたい。これは他者基準です。

そもそも俺は有名になる気もない、だから絵を売る気もない、描きたい絵を描いているだけ。これは自分基準です。

他者基準は世間からの評価が低くなり、自分基準だと評価が高くなるのです。

他者基準、外的基準の人は、人の心を動かせません。

しかし、自分基準、内的基準の人は、人の心を動かしてしまうのです。

これは、商品が売れるか売れないか、富が集まってくるかどうかの、大きな分かれ目になります。

④思考の方向性　「未来基準」「過去基準」

何かをやろうとしているとき「なぜそれをやりたいのか？」、うまくいかない場合に「なぜうまくいかないのか？」と考えてしまうのを**過去基準**といいます。「なぜ」という言葉を使うと、過去に焦点が当たるからです。

それに対して、何かをやろうとするときに、「何のためにこれをやりたいのか？」、うまくいかない場合に「何のためにうまくいかないのか？」と、うまくいかないことの活用法を考えるのを**未来基準**といいます。

過去に焦点を当てても泥沼になるだけで、うまくいきません。

未来に焦点を当てると、「どうしたらうまくいくか。何を見落としているのか。何のために失敗してるのか。それも面白いじゃないか」と考え始めます。

ネガティブな方向に振れないのです。

もしあなたが未来基準になっていなければ、未来から考えるように鍛えていけばいいだけです。

⑤動機づけの選択理由　「オプション型」「プロセス型」

何かをやろうとするとき、うまくいく方法を誰かから教えてほしがる。これを**プロセス型**といいます。日本人に圧倒的に多いパターンです。

プロセス型は、過去の正しい方法、うまくいく方法にこだわり、過去に焦点が当たっています。④の過去基準もくっつきやすくなります。

それに対して、何かをやろうとするとき、自分で方法やルールを編み出したいタイプ。これを**オプション型**といいます。オプション型は未来に焦点が当たっています。

「お金の集め方を誰かに教えてほしい」というスタンスの人はプロセス型ですので、うまくいきません。

⑥人間と物質　「物質タスク重視型」「人間重視型」

何かをやろうとするとき、楽しさやワクワク感などの感情、不安や恐れを避けることなど、体験の途中に焦点が当たり、人間的な感覚を重視するタイプを**人間重視型**といいます。

それに対して、何かをやろうとするとき、それが達成されたら「収入はどう変わるか？」「評価はどう変わるか？」「どういう問題が回避できるか？」など、そのあとのことに焦点が当たり、物質的、タスク的なことを重視するタイプを**物質タスク重視型**といいます。

人間重視型は、体験の途中に焦点が当たり、ゴールすることが軽視されがちです。たとえば、2014年のソチオリンピック。フィギュアスケートの浅田真央選手はメダルを逃してしまいました。インタビューを聞いている限り、「自分らしい演技がしたい」「楽しみたい」といった人間的な感覚に焦点が当たっていたため、ゴールが度外視されて入賞できなかったのです。

それに対して、体験のあとのことに焦点が当たっている物質タスク重視型だと、ゴールすることありきで話が進んでいますから、ゴールに到達しやすくなります。

⑦目的の焦点　「目的基準」「体験基準」

体験したあとに生きる欲求があるのが**目的基準**、体験の途中のことに生きる欲求があるのが**体験基準**といいます。少しわかりにくいでしょうか。

事例として、アウシュビッツ強制収容所を生き延びた精神科医のヴィクトール・フランクル『夜と霧』のエピソードが挙げられます。

56ページでも紹介しましたが、アウシュビッツ強制収容所には、約110万人のユダヤ人が収容されていました。最終的に第二次世界大戦が終わり、約200人が解放されました。その中にヴィクトール・フランクルがいたのです。その後、彼は生き残ったのはどういう人たちなのかを研究しました。生き残った人たちには、共通してある特徴がありました。

それは**「最後まで夢を捨てない人たち」**でした。

つまり**目的基準で生きた人たち**です。

あるパン屋さんは、「この戦争が終わったら、目抜き通りでベーカリーを再開し、焼き立てのパンの香りを町中に広げて、町中の人々を喜ばせるんだ。だから俺はこんなところにいる場合じゃない」と考え、あるピアニストは、「世界中が戦争で疲弊している。私はピアニストとして世界中をリサイタルして回り、世界中の人を癒したいんだ。だからこんなところにいる場合じゃない」と考えていました。

つまり、塀の向こう側に目的を見いだしている人たちは生き残り、ただ生き残りたいだけの人たちは亡くなったというのです。

これが目的基準か体験基準かです。目的基準か体験基準かは、生きるか死ぬかを分ける重要な基準でもあるわけです。

⑧責任の所在　「自分原因型」「他者原因型」

もし物事が達成できない、実現不可能だと思ったとき、ポジティブなこともネガティブなことも、すべては自分の意識が投影して創り出したものにすぎないと捉えるのが**自分原因型**です。

それに対して、悲しい、へこむ、結果に一喜一憂する。これは**他者原因型**です。身の回りに起きる現実、ポジティブなこともネガティブなことも、自分以外の何かが原因であり、勝手に引き起こされているものなので、自分は原因ではない、私は影響を受ける立場なんだと考えます。

他者原因型で世の中を見ると、あいつが悪い、こいつが悪い、すべては自分が原因ではないという前提ですから、物事の本質が見えなくなります。自己決定感もないので、感情に振り回されます。

⑨物事の捉え方　「楽観基準」「悲観基準」

やろうとしていることがうまくいかなかったときや、問題が起きたときに、「嫌なことが起きた」「ネガティブなことが起きた」と捉える。これを**悲観基準**といいます。不安や恐れに焦点が当たり、「お金が入ってこなくなったらどうしよう」「みんなに相手にされなくなるのではないか」と悲観的に考えるのです。メタ無意識が悲観基準という器に入っていると、すべてをネガティブに見てしまいます。

それに対して**楽観基準**は、何かがうまくいかないとき、失敗したときは、「面白いじゃん！」「めちゃめちゃウケるんですけど」「新しい方法を開発するチャンスが来たぞ」とポジティブに捉えます。

「ハシガイさん、人生で一番重要だと思うスキルは何ですか？」とよく聞かれます。

そのとき私はこう言います。

「人生を面白がる技術です」

樹木希林さんも著書『樹木希林　120の遺言』のなかで言っています。

「人生は楽しむものじゃないのよ。人生は面白がるものよ」

人生の困難は、宇宙の偉大な発明であり、「さあ、この謎かけを解いてみなさい」という、「本当の自分」からの問いかけです。

問題が起きたとき、「ウケるんですけど」と面白がると、何が起きるか。

前述した41ページの「17段階の意識レベル」でいうと、意識レベル2「ピース」の状態になります。この領域に意識を持っていくとジタバタしません。さらに意識レベル1「悟り」の領域に入ると、「この人はわかっている、人生からの謎かけは必要ない」と潜在意識は判断するのです。

それが「悟り」と呼ばれるもので、悲観基準か楽観基準かの分かれ目です。

もしうまくいかない悲観基準を使っていたら、楽観基準で考える練習をすればいいだけ。必要なのは慣れだからです。

⑩判断するときの心理状態　「実体験型」「分離体験型」

やろうとしていることに関して、「やろう」と決断を下すとき、世の中の常識や、「○○先生がそう言ってたから」など、外部の権威や理論に頼ろうとするのを**分離体験型**といいます。

それに対して、自分の信念や価値観に照らし合わせ、「世間や権威が何をいおうと関係ない」「私はこれがやりたいんだ」と考える。これを**実体験型**と言います。

自分の考えには価値がないから、世の中の優れている学問、○○博士の考えを持ち出す。すると、勉強すればするほど、○○学を勉強している自分と「本当の自分」は乖離(かいり)し、「本当の自分」が置き去りにされていきます。ますます自分の意見が言えなくなり、現実面に不具合が生じるのです。

常識や理論に照らし合わせて納得するときは、自己決定感がないので、うまくいきません。なぜならば「自分には価値がない」という前提が裏にあるからです。

この分離体験型は、日本人に多いかもしれません。

世の中にさまざまな価値をもたらそうとしている自分を想像してみてください。自分の姿が客観的に見えていたら、分離体験型になっています。

そのときは、イメージで見えている自分の中に入ってください。そして、自分の目で世の中を見たり、人を見たり、いろんなことを聞いたりしてほしいのです。

もちろん、苦しかったこと、昔のつらかったことを考えるときは、一回自分から離れて、客観的に分析するのはかまいません。

しかし、「こういう自分だったらうまくいくはずだ」とイメージするときは、ちゃんと自分に入りなおして実体験型になる必要があります。

⑪それは誰が決めたのか？ 「欲求」「義務」

「欲求」は、自分がやりたいからやるんだという前提があり、すべて自分で決めています。すると**「よし、起きよう」「よし、仕事に行こう」**という表現になります。

それに対して、**「やらなきゃ」「やるべきだ」「こうあってはならない」**という言葉が浮かんでくるときは「義務」でやっています。

メタ無意識は普段の何気ないつぶやきでも判断できるのです。

しかし、「こういう自分であるべき」「このようにしなければならない」「こうあってはならない」という基準は誰が決めたのでしょうか。

自己決定感があるとき、「こうあるべき」「こうあってはならない」という基準は出てきません。「こうあるべき」「こうあってはならない」と表現されるのは、他者基準になり、自己決定感がない証拠です。

どこでそう思ってしまったのか。だいたい親の影響が多いようです。

朝、「起きなきゃ」と無意識につぶやく。これが義務です。

誰に言われて起きなければいけないと思っているのでしょうか。

「仕事に行かなきゃ」「急がなきゃ」。これらもすべて義務です。

見えない何かに振り回されています。

「よし、起きよう」「よし、仕事に行こう」「急ごう」と口ぐせを変えてみてください。

⑫自己認識 「絶対的自我」「限定的自我」

やろうとしていることがうまくできないとき、「やっぱり自分はダメ」「自分は何かが足りてないんだ」と思ってしまう。これを**限定的自我**といいます。

それに対して、「OK。私は完璧」と思える。そして、残りの部分は、新しい目標として見立てていく。これを**絶対的自我**といいます。

普通の人はよくいいます。

「ああ、うまくいかなかった。よし、明日はがんばろう」

これが諸悪の根源です。

子供にそんなつぶやきのまま終わらせていたら、メンタルがどんどんやられます。

社会に出てからも、あまりぱっとしない人になってしまいます。小さい子供のうちから気をつけてほしいものです。

⑬本気度合い「結果期待型」「結果行動型」

たとえば、イタリアンレストランをオープンするのが夢だというAさんとBさん。

Aさんは、**「貯金が500万円貯まったら、夢であるイタリアンレストランをオープンしたいんです」**と言います。条件が整えば行動する。これを**結果期待型**といいます。

それに対してBさんはこう言います。**「夢であるイタリアンレストランをオープンするために貯金しています。目標金額は500万円です」**。目的のために今行動している。これを**結果行動型**といいます。

同じ500万円を貯めることには変わりありません。しかし、出てくる結果は違ってきます。これは、本気度合いの問題です。

「貯金が500万円貯まったら、夢であるイタリアンレストランをオープンしたい」というAさんの潜在意識は「Aさんは本気ではない」と受け取ります。

「条件が揃わないとやらないんですね。だったら、本気じゃないことに付き合わせないでください」

脳と無意識は無駄な労力を嫌います。省エネで動きたいのです。

「本気になったら起こしてください。それまで寝てますから」と、潜在意識が昼寝しているようなものです。

それに対して「夢であるイタリアンレストランをオープンするために貯金しています。目標金額は500万円です」というBさん。潜在意識は、「オープンすることありきなんですね。そのために条件を整えているんですね。本気なら、500万円を集めなければいけないですね」と受け取ります。

「寝てる場合じゃない。すぐ動かなくては」と潜在意識がやる気を出すので、お金を集め始めます。結果期待型か結果行動型か。言語パターンに出てきます。

富のために、本当の自分でいるのか。本当の自分でいるために、富が必要なのか。

この二つは、まるっきり違います。

お金が揃ったらやるのか、やるためにお金を揃えるのか。順序がまるで逆です。

ここがずれている人が多いのです。

郵 便 は が き

料金受取人払郵便

牛込局承認

1013

差出有効期限
令和3年5月
31日まで

162-8790

東京都新宿区揚場町2-18
白宝ビル5F

フォレスト出版株式会社
愛読者カード係

フリガナ お名前	年齢　　　歳 性別（ 男・女 ）
ご住所 〒 ☎　（　　）　FAX　（　　）	
ご職業	役職
ご勤務先または学校名	
Eメールアドレス メールによる新刊案内をお送り致します。ご希望されない場合は空欄のままで結構です。	

フォレスト出版　愛読者カード

ご購読ありがとうございます。今後の出版物の資料とさせていただきますので、下記の設問にお答えください。ご協力をお願い申し上げます。

● ご購入図書名　「　　　　　　　　　　　　　　　　」

● お買い上げ書店名「　　　　　　　　　　　　　　」書店

● お買い求めの動機は?

1. 著者が好きだから　　2. タイトルが気に入って
3. 装丁がよかったから　　4. 人にすすめられて
5. 新聞・雑誌の広告で（掲載誌誌名　　　　　　　　　）
6. その他（　　　　　　　　　　　　　　　　　　　　）

● ご購読されている新聞・雑誌・Webサイトは?

（　　　　　　　　　　　　　　　　　　　　　　　　）

● よく利用するSNSは?（複数回答可）

□ Facebook　□ Twitter　□ LINE　□ その他（　　　　　）

● お読みになりたい著者、テーマ等を具体的にお聞かせください。

（　　　　　　　　　　　　　　　　　　　　　　　　）

● 本書についてのご意見・ご感想をお聞かせください。

● ご意見・ご感想をWebサイト・広告等に掲載させていただいてもよろしいでしょうか?

□ YES　□ NO　□ 匿名であればYES

メタ無意識の13類型

No.	類型	タイプ	
1	主体性	主体行動型	
		反映分析型	
2	動機づけの方向性	目的志向型	
		問題回避型	
3	喜びの判断基準	自分基準	
		他者基準	
4	思考の方向性	未来基準	
		過去基準	
5	動機づけの選択理由	オプション型	
		プロセス型	
6	人間と物質	物質タスク重視型	
		人間重視型	
7	目的の焦点	目的基準	
		体験基準	
8	責任の所在	自分原因型	
		他者原因型	
9	物事の捉え方	楽観基準	
		悲観基準	
10	判断するときの心理状態	実体験型	
		分離体験型	
11	それは誰が決めたのか？	欲求	
		義務	
12	自己認識	絶対的自我	
		限定的自我	
13	本気度合い	結果行動型	
		結果期待型	

STEP 2-2

「背景のルール」として働くメタ無意識

あなたは今、映画館に来ています。

しかし、後ろの人が携帯電話の音を切るのを忘れて、映画が始まるやいなや携帯電話が鳴り始めました。「楽しみにしてた映画を見に来たのに、携帯の着信音なんか鳴らしやがって！」と思ったりします。

しかし、映画が始まる前に、こうアナウンスがあったらどうでしょうか。

「お客様が携帯電話をマナーモードにせず、映画の上映中に着信音が鳴ってしまった場合、当映画館としましては、お詫びとして、全員に100万円を差し上げます」

そして映画が始まり、誰かの携帯の着信音が鳴ってしまいました。

そうしたら「お、100万円もらえる。ラッキー！」と思うかもしれません。

「映画館で上映中に携帯の着信音が鳴った」という起きた現象は同じです。

しかし、一方では「むかつく」と思い、一方では「ラッキー」と思う。

何が違うのか。背景のルールが違うだけです。

背景のルールが違うと、感じ方や呼び起こされる行動が違ってしまうのです。この「背景のルール」こそがみなさんのメタ無意識であり、現実を方向づけるのです。

効果的なメタ無意識に切り替える

では、「本当の自分」として世の中に価値をもたらしていくためには、どういうメタ無意識が効果的でしょうか。

まず、**「主体行動型」「目的基準」「自分基準」**のほうがうまくいきます。思考の方向性は**「未来基準」**である必要があります。動機づけの選択理由は**「オプション型」**のほうが効果的です。

人間的なことを求めるのか物質的なことを求めるのか、これは**「物質タスク重視型」**のほうがいい。そのうえで、楽しさやワクワク感がほしいのなら、あとからくっつければいいのです。楽しさやワクワク感を得ることが目的になるとうまくいきません。目的を達成することによって、楽しさや喜び、安心感が得られるのならOKです。身の回りに起きる現実の責任者は誰なのか。物事の本質を見抜くためには**「自分原因型」**である必要があります。本当の原因がわかればやりようがあります。

物事の捉え方は**「楽観基準」**のほうが効果的です。ネガティブなことが起きても、面白がってしまえばいい。

そして、何かつらいことを考えるときは、一回離れて**「分離体験型」**になるのもいいでしょう。そのうえで、最後はこの状態でいるぞと決めたら、自分の中に入って体験する**「実体験型」**でいる必要があります。

「こうあるべき」「こうあってはならない」と考えるのは、自己決定感がない状態ですから、欲求の形に言語パターンを変え、イメージしておいてもらう必要があります。

「私は完璧。すべてOK。たまたま貧乏やってるけどね」「たまたま今は能力がないけどね。だから何か？」と、**絶対的自我**は「私は完璧」という前提で始まります。そうすると、「私は幸せで完璧」という信じ込みに合うように現実が加工されてきます。

最後は脳を本気にさせないといけません。**結果行動型**の言葉をつけ直し、結果行動

効果的なメタ無意識にチューニングする

No.	項目	タイプ
1	主体性	主体行動型 反映分析型
2	動機づけの方向性	目的志向型 問題回避型
3	喜びの判断基準	自分基準 他者基準
4	思考の方向性	未来基準 過去基準
5	動機づけの選択理由	オプション型 プロセス型
6	人間と物質	物質タスク重視型 人間重視型
7	目的の焦点	目的基準 体験基準
8	責任の所在	自分原因型 他者原因型
9	物事の捉え方	楽観基準 悲観基準
10	判断するときの心理状態	実体験型 分離体験型
11	それは誰が決めたのか？	欲求 義務
12	自己認識	絶対的自我 限定的自我
13	本気度合い	結果行動型 結果期待型

型で動いている自分を想像していきます。

効果的なメタ無意識を組み合わせるイメトレワーク

何のためにそういう自分でいたいのかを洗い出してきました。

そして、「これからは、こういうパターンのメタ無意識の組み合わせでいこう」とプランニングします。

新しいメタ無意識の組み合わせでいると、どういう言動をしそうか想像してみてください。

そして、それを演じてほしいのです。

脳は動きを見せないと信じ込みをつくりませんから、「私はこういう人だ」と学習させていきます。

水泳選手だったマイケル・フェルプスさんと同じです。こういう自分でいるためには、1メートル何かきして泳ぐ。それをイメージトレーニングして、未来を想像し、神経を生やすところから始めて、その神経を慣らすのです。

STEP 2-3 自分の「クライテリア」を操作する

クライテリアとは**「価値の優先順位」**です。

人は、興味のあることには時間と労力を使おうとしますが、興味のないことには時間も労力も使いたくありません。

同じ仕事でも、価値の優先順位は人それぞれです。たとえば、お金の優先順位が高い人もいれば、楽しさに優先順位が高い人もいます。

仕事に関してお金が重要だという人に、「この仕事、めちゃめちゃ楽しいよ。全然儲からないけど」と言っても、興味を持ってもらえないでしょう。

仕事は楽しさが重要だという人に、「この仕事めちゃめちゃ儲かるよ。全然面白くないけど」と言っても、断られると思います。

意図的にクライテリアを変えた社長のケース

30年近く前の話です。

当時の原宿には、マンションの一室でやっているような小さいアパレルブランドがたくさんありました。

その中に、奥さんが社長、旦那さんが専務の夫婦と、スタッフ2人の、4人でやっている婦人服メーカーがありました。

資金繰りが厳しく、相談に乗ってほしいというので話を聞くと、「銀行からお金を借りたいが、事業計画書の書き方がわからない」ということでした。

お手伝いすることになった私は、まずこんなことを聞いたのです。

「改めて社長にお聞きしたいんですけど、社長が婦人服メーカーを経営するにあたって、**大切にしている価値は何ですか？**」

「やはり女性もののファッションメーカーですから、私にとっては美しさが最重要ですね」

「では、経営するにあたって、美しさの次に大事にしていることってなんですか？」

「女性服で自由さを表現したいですね」

「なるほど、美しさと自由さ……。その次に大切にしている思いや感覚は何ですか？」

「自己表現できているかどうかですね」

「その次に大切なのは？」「その次は？」「その次は」

と聞いていった私は、あることに気づきました。

「社長、そのなかに『お金』が入っていませんね」

「言われてみれば入ってないな、お金は大切なのに」

「だから資金繰りが厳しいんですよ！」


私が心理技術アドバイザーもやっていることを明かし、あるワークをすることにしました。

「大切にしている価値の1位にお金を入れましょう。そして2位に美しさ、3位に自由さ、4位に自己表現と、求めている価値の順位を変えて、少し様子を見ましょう」

事業計画書の作成もサポートし、銀行からもお金を借りることができました。

その約1カ月後、気になったので再びその会社を訪ねていきました。

あいにく社長は不在だったので、スタッフたちに聞いてみました。

「最近、資金繰りの調子はどうですか？」

するとスタッフたちはこんなことを言い始めたのです。

「1カ月前にハシガイさんに来てもらってから、正直仕事がやりづらいんです」

あれ以来、何かあると、社長は一言目にお金のことを口にするのだそうです。

スタッフには、「これ、いくら儲かるの？」、取引先にも「これ、いくらで入れてくれる？」「いくらにまけてくれるの？」といった具合です。

スタッフも取引先も、もともとは、美しさや自由さ、自己表現という価値を大切にしている社長に惹かれて仕事をするようになったのです。それが、お金を一番大切にする社長になってしまったので、スタッフも取引先も違和感を抱き始めました。

「それは何とかしなくてはいけませんね」

そこで、私は改めて社長に事情を話し、**1位美しさ、2位自由さ、3位お金と、脳の中の価値の優先順位を調整しました。**

そして数カ月後、再び会社を訪ねました。

「最近、調子はどうですか？」

「資金繰りもうまくいき始めたし、仕事も元どおりやりやすくなりました」

「ではこれでやってみましょう。また何かあったら声をかけてください」

そこで私の仕事は終わりました。

その8年後、再び近くに行く予定があったので、「そういえば、あの会社まだやってるのかな」と見に行きました。

すると、4階建ての自社ビルが建っていたのです。売上をどんどん伸ばし、自社ビルを建てるまでになったのでした。

クライテリアのワーク

このケースから学べることはシンプルです。

求めていない価値は入ってこない。ただそれだけです。

そこで改めて、現在のみなさんのクライテリア、価値の優先順位がどうなっているか、チェックしていきましょう。

さまざまなリソースを使いながら、「本当の自分」として世の中にさまざまな価値をもたらしていく場合、どういう価値を重要視したらいいか、まずは洗い出してみましょう。

たとえば、お笑い芸人であれば、「真面目さ」が上位にあっても売れないでしょう。むしろ「ユーモア」や「ユニークさ」が必要になるはずです。

保育士さんや看護師さんなど、人に接する仕事であれば、「優しさ」や「愛情」のようなものが上位にある必要があるでしょう。

まずは順位に関係なく、本当の自分でいるためにはどういう価値を重要視したほうがいいか、次のワードを参考にしながら、10個ほど挙げてください。

10個の価値が挙げられたら、今度は優先順位をつけていきます。

どんな価値を優先するのか考えながら、最優先の5つを選んでください。次にそれを1位から5位まで並べます。 5位までの価値に順位がついたら、次は、今の自分はその価値を十分に満たしているか、振り返ってみましょう。

価値の優先順位（クライテリア）を明らかにする

おもな「価値」の例

利益（お金）　ユーモア　ユニークさ　実直さ　効率　貢献　愛　重厚さ　奉仕　優秀さ　自由　冒険　集中　承認　調和　一体感　正しさ　達成感　充実感　正直さ　前進　成長　成功　熱意　地位　成果　協調　協力　仲間　自立……など

重要視したい価値
①
②
③
④
⑤
⑥
⑦
⑧
⑨
⑩

→

最優先の5つを選んで優先順位をつける
1位
2位
3位
4位
5位

↓

今の自分はその価値を十分に満たしているか？

何が必要か？

もしその上位5つの価値を十分に満たしてない場合、満たすためには何が必要だと思いますか。

たとえば、お金の価値を全然満たしていないとすれば、何が必要でしょうか。

その上位5つの価値について、どういうときに上位5つの価値が得られていると感じますか。誰と会っているとき、どんな場面でそれを感じるか、挙げてください。

では、その価値を充満させるには何が必要でしょうか。

そして、自分がその価値に満足を感じるのはどんなときでしょうか。

それらを踏まえて、それぞれの価値を得ていくために必要な物質的なもの、環境、人間関係、情報、知識、健康状態、体験、感情など、必要なリソースを追加で洗い出してください。

価値の優先順位が合っていないと不都合が起こる

価値の優先順位が高いことに脳と無意識は労力や時間を使おうとし、優先順位の低いことには使おうとしません。しかし、価値の優先順位が低いことに、時間や労力を無理に使おうとする場合もあります。

生活するためにはお金を稼がなければいけないから、みんながそうしているから、納得はいかないけれどやらなければいけない。

しかし、そうした状態で義務感から仕事をやっても苦痛です。そこから逃げ出すために、健康面や人生に不都合なことが起きてきます。

ですから、**価値の優先順位が、「本当の自分」が望む状態に合っているかどうかが、脳が本気になるかどうかの一つの分かれ目です。**

STEP 2-4

「本当の自分」でいるための予算はいくらか？

ここから、**富を集める人格づくり**の本番に入っていきます。

まず、**「本当の自分」として存在するためには、どれくらいの予算（お金）が必要なのか**を考えていきます。

ここであらためて、1年後から30年後までどういう状態をつくっていたいか、どういう価値をもたらしていきたいか、今度は時系列で出していきます。

1年後、3年後、5年後、10年後、15年後、20年後、25年後、30年後、それぞれの理想の自分でいるために必要な物質的環境、望ましい人間関係、必要な体験や行動、振る舞い、必要な健康状態、感情の管理、身につけるべき知識、情報、能力、戦略など、達成するために必要なものの内容を割り出していきます。

そして、次の2点をはっきりさせます。

①トータルでどのくらいの費用がかかるのか
②支出の目的はなにか

具体的な金額については、ネットで検索したり、見積りを取ったり、資料を集めたりして、具体的にどのくらい費用がかかるのかリアルに明確にしていきます。

脳や無意識がその人の本気度を判断するうえでは、「たぶん10万円か20万円くらいかな？」と大雑把であるよりも、「これをやるためには〇〇〇万円かかる」と具体的にわかったほうが望ましいのです。

脳と無意識を鍛えるためには「リアル感」が必須です。

どのくらいお金がかかるのか、その目的は何かを洗い出したら、エクセルで1年目のシート、3年目のシート、5年目のシート……と作り、記入してください。

物質面、環境面、人間関係、情報・知識のために1年目に必要な金額をそれぞれ書いて、その隣には目的を記入しておき、合計金額を集計します。

「1年後、こういう自分でいるためには8000万円が必要だ。それなら、翌年への投資や余剰資金も含め、2~3割の利益を上乗せし、この年は1億円を稼ごう」
「潜在意識さん、この年、『本当の自分』でいるためには、世の中に価値をもたらし使命を果たしていくためには8000万円必要です。次の年への投資も必要だから、1億円は必要なんだよ。潜在意識さん、よろしくね」

このように教えると、潜在意識は集めようとします。

なぜなら潜在意識はその人にミッションを果たしてもらうのが目的ですから、そのために必要なものを集めようとするのです。

それを教えないから集まってこないのです。

目的を明確にしたとたん目標金額を楽々クリアしたケース

以前、保険の外交員をされている方が、私のところに相談に来られました。
個人年収が3000万円あり、一般的には成功しているといえます。
その方の相談は、「個人年収をさらに5000万円まで持っていきたい」というものでした。

「ちなみにどうして5000万円なんですか？」

「憧れの先輩が年収5000万円で、ああいうふうになりたいんです」

「それじゃあ無理です。脳は本気にしていませんから」

何のために5000万円が必要なのか、その理由がない。それでは集まりません。

そこで、**「何のためにその5000万円が必要なのか、まず理由を200個出してください」**と私は言いました。

「そういう自分でいるためには、どれほど経費がかかるのか。そしてどうしてその経費が必要なのか、洗い出してください。それを次の個人セッションのときに持ってきてください」

1カ月半後の個人セッションの日、予定が入ったエクセルシートを持ってきました。するとこう言ったのです。

「先生、大変です。今年の個人年収、5000万円突破が決まってしまいました！」

初めて相談に来たのは3月頃。毎年3000万円で終わる年収を5000万まで持っていきたいと言っていました。そして5月。2回目の個人セッションまでの1カ月半の間に、大きい契約が取れて目標金額5000万円超えが決まったそうです。

潜在意識のカラクリとはそれほどシンプルなものなのです。

脳を結果行動型のメタ無意識にするために、目標と金額を明確にする。

この一連の流れがあります。

私も、電車の移動中やすきま時間に、「これは勉強したほうがいいな」「こういう本も読んだほうがいいな」「こういう服を着たほうがいいな」と、どんどん追加していきます。パソコンをいじれないときは、スマートフォンでメールの下書き機能にメモし、事務所に戻ってからパソコンに追加します。こうすると、必要なお金がちゃんと集まってきます。

「本当の自分」でいるためには、どういう予算が必要か、丁寧につくり込んでみてください。これが富を集める人格をつくる骨格になってきます。

STEP 2-5

自分の人格構造をコントロールする

あなたはゴルフをしますか？

下手なコーチにスイングを教えてもらって、その通りに練習するほど下手なスイングの形が身についてしまいます。いざ直そうとしても、くせになっているので直しにくくなります。

最初にどういうコーチに習うかは非常に重要です。

ビジネスも同じです。個人年収1000万円程度の平凡なビジネスコーチに、ビジネスやお金の稼ぎ方を学んだら、変なくせがついてしまって修正ができません。

一流ではない成功者にビジネスを学ぶ愚を正す

前述した通り、私は30年ほど前に独立開業したとき、当時の富士銀行（現在のみずほ銀行）の口座には、預金残高1428円しかありませんでした。

27歳で独立すると決めていた私は、預金残高1428円にもかかわらず、とりあえず起業し、税務署に届け出を出しました。生活費がなかったので、昼間は営業、夜は工事現場で警備員のアルバイトをして、なんとかやっていました。

生活はカツカツでしたが、中途半端なビジネスのやり方を習おうとは思いませんでした。中途半端な人に学ぶと中途半端な結果になることがわかっていたので、本当に成功している人たちに学びたかったのです。

そこで、さまざまな経営者の勉強会に行き始めました。しかし、中途半端な経営者や中途半端なコーチがしゃべる勉強会ばかりで面白くありませんでした。

みんな同じような不満を持っているのではないかと思い、同じ若手の企業経営者たちに声をかけると、「実は俺も同感だ」というのです。

それなら私が音頭取りするので、仲間でお金を出し合って、呼びたい社長を呼んで、話を聞かせてもらおうと、ある企業団体をつくりました。

その企画が当たり、全国で2000人ほどの会員が集まりました。そこで、さまざまな上場企業の創業者に来てもらえました。

そのなかに、低所得だったときにあることに気づき、平均5年で個人年収1億円を突破した人たちが5人いたのです。彼らに考え方や世の中の見方などを徹底インタビューし、学習して、私は現在のようなさまざまなスキルを開発してきたというわけです。

その後、私自身も稼げるようになり、ビジネスコーチとして伝えていく側に回りました。私のプログラムを受けた方も、ミリオネアになっていく方はたくさんいます。毎年9月になると、「今年の個人年収はやっと1億円を超えそうです」などと報告がきます。

この本のスキルも、私が成功した人たちから学び、体系化したものです。どうせ学ぶのなら、世の中で活躍し、成功している人に学んだほうが絶対にいいのです。

そして、彼らからもう一つ学んだのが**「人格構造」と「自信」をコントロールする方法**です。

「本当の自分」でいるための人格構造とは

あなたは、生きる目的を満たし、達成できると思って必要な戦略を選んでいるでしょうか。

それとも、「そんなものは達成できない」「世の中は思いどおりにならない」と思いながら、うまくいかない戦略を選んでいるでしょうか。

信念・価値観レベルで、「こんなビジネスがうまくいくわけない」「個人年収1億円なんて稼げるわけがない」という信じ込みがあれば、うまくいかない戦略を選びます。そして、「ほら、ビジネスがうまくいかない」「ほら、1億円稼げない」と安心します。

そういう環境、行動をつくり出すのです。

では、その信念・価値観が、どういう自己認識に基づいて選ばれているのか。

「自分は弱い人間だ」「自分は役に立たない人間だ」「自分には価値がない」「自分は恥ずかしい人間だ」……。そのような自己認識にあると、「世の中は思いどおりになるわけがない」「私が何かを言っても世の中に影響をもたらさない」という信念・価値観になってしまい、役に立たない戦略が選ばれ、役に立たない行動が選ばれ、役に立たない環境がつくられていきます。

自分はどういう環境、どういう行動、どういう知識、戦略、どういう信念、価値観、どういう自己認識でいるのか。これらをざっくりと「人格」ということができます。

そして、**こうした人格の構造レベルを「ニューロロジカルレベル」といいます。**

つまり、どういう人格の組み合わせになっているのか、ということです。

ビジネスがうまくいかない人格でいれば、ビジネスはうまくいきません。逆に、ビジネスがうまくいく人格の組み合わせになっていれば、ビジネスがうまくいく。

ただそれだけのことなのです。

人格の投影として、現実がつくられていきますから。

ニューロロジカルレベルは次のような構造になっています。

一番下が**「環境レベル」**。あなたがどういう環境をつくり出す人か、どういう環境に身を置いている人かどうかです。

一段上が**「行動レベル」**。その環境においてどういう行動をする人か、そして、どういう行動がその環境をつくり出しているのか。

さらに一段上が**「知識・戦略・能力レベル」**です。どういう知識、戦略、能力に基づいて、その行動を決めているのか。

さらに一段上が**「信念・価値観レベル」**となります。どういう信念、価値観に基づいて、その知識、戦略、能力が選ばれているのか。

最上段が**「自己認識レベル」**。「私は誰なのか」。セルフイメージともいいます。

人格を構造別にチェックしていく

人格というと大ざっぱなので、構造別にチェックしていきます。

ステップ2−4で割り出した、1年後、3年後、5年後、10年後、15年後、20年後、25年後、30年後それぞれの状態をつくり出すために、どういう状態が効果的か、**ニューロロジカルの各レベル（「物質的なもの」「人間関係」「行動」「知識・戦略・能力」「信念・価値観」「自己認識」）**を考えていきます。

次に、**自信度合い**を測ります。

1年後、「本当の自分」でいる自信度合いが、最高で100％だとしたら、現在何％ぐらいでしょうか。100％ではないとしたら何が必要でしょうか。何が100％と思わせていないのでしょうか。

この物質が足りない、この感情が足りない、こういう経験が足りない。それなら、必要なものを、先ほどの予算の中に追加し、合計金額を更新しておいてほしいのです。

この年、8000万円の経費が必要だと思っていたけれど、9000万円が必要だ

ニューロロジカルレベル

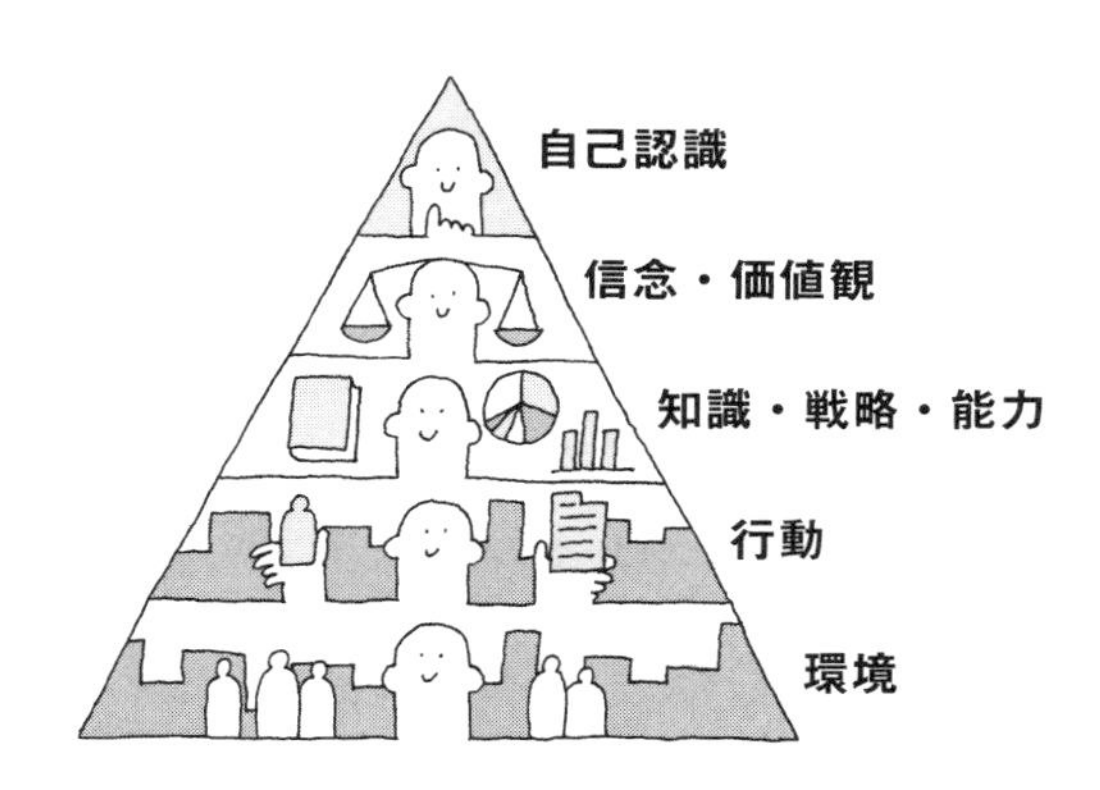

とわかったら、収入も1億円ではなく、1億3000万円は必要だなと、更新しておいてください。

人格の構造別に、1年後、3年後、5年後、10年後、15年後、20年後、25年後、30年後という単位で徹底的に洗い出すのはとてもしんどいかもしれませんが、これもエクセルのシートを使うとやりやすくなります。

蛍光灯の光は月まで届かないのにレーザー光は届いてしまうワケ

普通の人は、ニューロロジカルレベル（人格の各構造）がバラバラな方向に向いています。ちょうど、二人三脚で1人は西に向かおうとし、もう1人は東に向かおうとしているような感じなのです。だから前に進まず、ゴールできません。

それを同じ方向に向かせると、ようやくゴールに向かい始めます。

人生がうまくいく人、富を集める成功者はニューロロジカルレベルの方向が統一されています。

日本には、新宿の歌舞伎町や六本木、夜景で有名な函館など、夜中でも明るい街があります。六本木や新宿歌舞伎町では、蛍光灯を使って、何百万ワットという凄まじい電気を消費します。

ところが、何百万ワットという明かりでも、月から眺めるとその光は見えません。明かりが月に届かないのです。

NASAには、月と地球の距離を10センチ単位で測る機械があります。月面に鏡が置かれ、NASAからレーザー光を照射するとその鏡に反射し、地球に光が戻ってきます。その戻る時間で、月との距離を10センチ単位で測るそうです。

何百万ワットという明かりでも月まで届かないのに、レーザー光は月まで届く。では、レーザー光は何ワットなのか。

実は、たった15ワットしかありません。日常で使う蛍光灯以下です。

なぜ、何百万ワットを使っても届かない明かりがある一方で、レーザー光はたった15ワットでも届いてしまうのか。

物質も人間も、分子の結合体であり、分子を構成するのが原子です。そして、原子を構成するものが素粒子であり、そのなかに電子があります。

蛍光灯の電子は動きがバラバラで力がありません。それに対してレーザー光の電子はすべてを同じ方向に向かせているので強いのです。だからレーザー光線は金属や木材など硬いものでも切ることができるわけです。それは、電子を同じ方向を向かせていることが鍵になります。

人間も、ニューロロジカルレベルという意識の構造を同じ方向に向かせると、とて

ニューロロジカルレベルの方向を統一させる

つもない馬力を発揮し、目標達成が早くなります。

二人三脚の2人がばらばらな方向に行こうとしているのか、ある方向へ一緒に協力しあって向かっているのか。その違いがあらゆる結果に影響を及ぼします。

STEP 2-6

「自信度合い」を自分で管理する方法

浅草を立て直した江戸っ子の感覚

あるテレビ番組で、そば屋のおかみさんが、さびれてしまった地元の浅草を立て直したエピソードを取り上げられていました。

その女性は、「人気を失った浅草を盛り上げたい」と、浅草サンバカーニバルや2階建てのバスを浅草エリアで走らせるなど、さまざまな仕掛けをほどこしていたのです。

あるとき、ホテルニューオータニの社長と出会い、「あなたの望みは何か？」と聞かれました。彼女は言いました。

「土地を買ってほしい。これだけの土地が必要なのです」

バブル前夜の1980年代前半。その土地は、当時の値段で1000坪30億円ほどだったそうです。するとその社長は「さあ、使え」と言わんばかりに、その30億円の土地をポンと買ってくれたのです。

そして1986年、今の浅草ROXという商業施設が建ったということでした。

もし彼女が、「土地を買うためとはいえ、そんな30億円なんてお金はどこにもないでしょ」と信じていたら、こうはうまくいかなかったでしょう。

「それができたら面白いじゃない」という江戸っ子の感覚。まさにこれだと私は思いました。イントロダクションで解説した**「いけるかも」という感覚**です。

だからお金がポンと入ってきたのです。

自信度合いのパーセンテージを自分でコントロールするトレーニング

この感覚を動かし始めるために、今現在、**自信度合いがどういうパーセンテージかを確かめ、単純にその感覚を倍にするトレーニング**をやってみます。

ステップ2－5で人格の構造レベル別に、1年後から30年後まで、望む状態をつくるために必要な人格の構造を洗い出していきました。

それに必要なリソースがあれば追加してもらいました。

その結果、どのくらいの経費がかかるかが、さらに明確になってきました。

では、年収にしたらいくらの金額を集めればいいのか。

そこに2割乗せるのか、3割乗せるのか、自分なりのルールを決めてください。

ここからは、その自信度合いをコントロールしてもらいます。

「自信度合いも自分が管理するのだ」という感覚をつかんでほしいのです。これが、富を集める人格をつくる一つの山場です。

年収1億円が必要だとしたら、年収1億円を集める自信度合いとはどんなものでしょうか。「正直50％かな」と思ったりします。それでもかまいません。

その自信度合いの数値を2倍にしてみましょう。すると、年収金額はいくらくらいのイメージになりますか。

1億円を稼ぐことに対して自信度合いが50％だと、倍にしたら100％です。そうすると、年収いくらくらいになるか。そのまま1億円かもしれません。

自信度合いをコントロールする

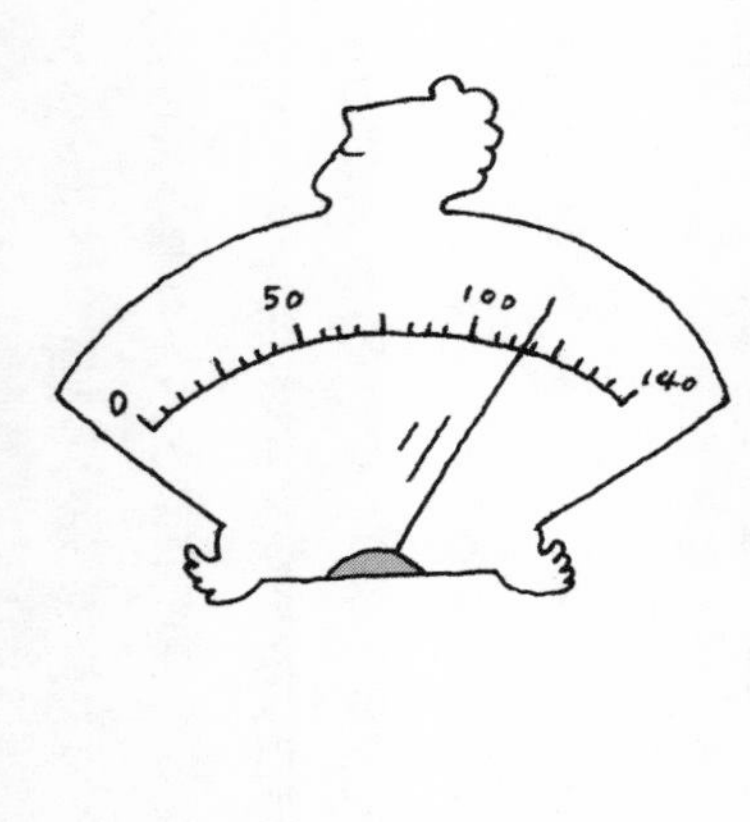

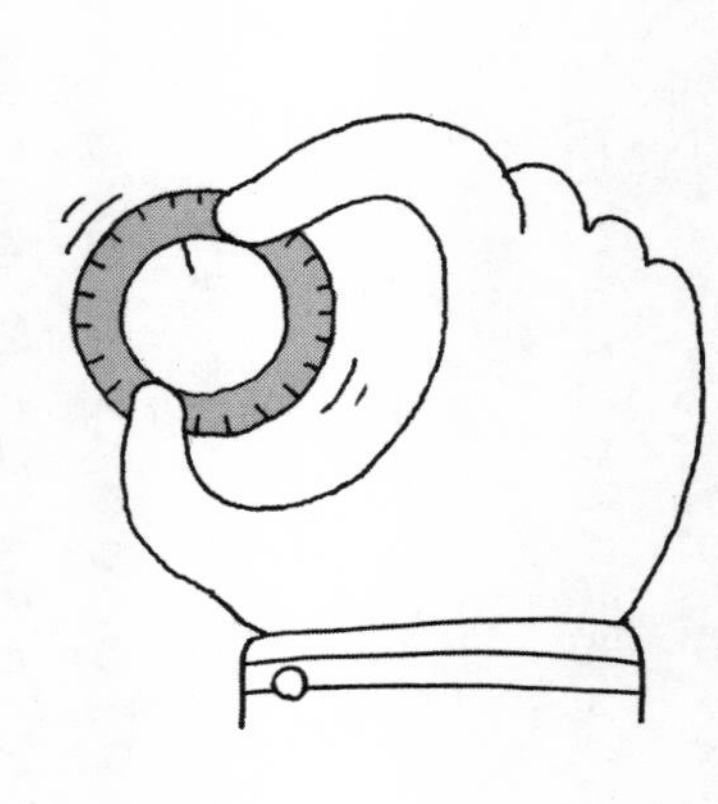

自信度合いが70%だったら、その自信度合いを単純に倍にすると、140%になります。自信度合いが140%なら、年収は1億円ではなく1億4000万〜5000万円までいってしまいそうな感覚になるかもしれません。

このように、収入がいくら必要なのか、ゲーム感覚で考えてみてください。

古い自信度合いは崩し、新しい自信度合い、つまり感覚を植えつけていきます。

繰り返しになりますが、こうした「感覚」が「現実」をつくっていくのです。

STEP

3

無意識を鍛える実践トレーニング

STEP 3-1

1日の行動・生活戦略を見直す

大きな意識と個人の意識を中継する脳

ある社長が、1カ月半で急激に売上を伸ばしました。
その人は、寝る直前と朝起きた直後、「本当の自分」の記憶を思い出す作業をしていました。

「きょうも1日、こういう自分として生きるぞ。本当の自分に近づいていくぞ」

それが日常の中で表現され、必要なお金が集まり始め、売上が伸びていったというのです。

脳は頭蓋骨の中に入っていますが、外から人間の動きを観察しています。集合的無意識、大いなる宇宙など、さまざまな表現がありますが、こうした外にある大きな意識と脳が連携して中継している感じなのです。

「心臓を動かさなきゃ」「肺を動かさなきゃ」「腎臓を動かさなきゃ」「肝臓を動かさなきゃ」……このように意識している人は誰もいません。

無意識に心臓は動き、脳はあなたの意識とは関係なく動いています。

それは、誰かが指示を出しているのです。その大きな意識と、個人の意識を、脳が中継しているのです。

日常の生活スタイルとその目的を洗い出すワーク

あなたは、普段どんな日常を送っているでしょうか。

朝起きてから寝るまでのタイムスケジュールを洗い出してください。できるだけ細かいほうがいいです。「仕事」というざっくりしたものより、こういう作業をやっているといった、細かいものがあると思います。それを書き出して、その横に、**「何のためにやっているのか」**を書き出してください。

日常生活の行為とその目的を洗い出す

日常の行為	目的
（例）6:30 歯を磨く	・息が臭いとみんなにイヤがられるから ・歯を磨かないと気持ち悪いから

たとえば毎朝の歯を磨く行為。

あなたは何のために歯を磨いているでしょうか。


「息が臭いとみんなに迷惑を掛けるから」「歯を磨かないと気持ち悪いから」


これは**「問題回避型」**です。これだとうまくいきません。

みんながそうしているから。テレビでそう言っていたから。そうしたほうがいいって聞いたから。みんなに迷惑を掛けたくないから……。

日常生活のひとつひとつの目的を洗い出すと、ほとんどが問題回避型、外的基準、他者基準であることがわかるはずです。

しかし、問題回避はずっと問題を避けようとし続けます。他者基準、外的基準は、自分の考えを持ち出していないので、見えない何かに振り回されている感じがつきまといます。これでは無意識はどんどんダメージを受けてしまいます。

そのために一度、**日常でやっていることを振り返って、何のためにやっているのかを洗い出す必要があるのです。**

日常でやっていることに新たな目的をつけ直すワーク

今度は、日常でやっていることに対して、改めて、新たな目的をつけ直していきます。歯を磨く当初の目的が、「息が臭いとみんなに迷惑を掛けるから」「口の中が気持ち悪いから」というのに対して、次のような新たな目的をつけ直します。


「歯を磨くことによって脳に刺激が与えられる」

「脳に刺激を与えられるから新しいアイデアが湧きやすくなってくる」

「新しいアイデアが湧くことによってビジネスが拡大して、私のやりたいことが全うできる。そのために歯を磨く」


潜在意識は正しい正しくないの判断をしません。

「そういうものなんですね」とただ認識するのです。

たとえば新聞を読む場合、何のために新聞を読むのか。「時代に遅れるから」「話についていけなくなるから」「取りあえず読んでおいたほうがいいのかなと思って」。

そういう問題回避や他者基準だとうまくいきません。

「新聞を読むことによって世の中で起きていることを認識するため。世の中に起きていることの背景を推測するところから、世の中の人たちが求めているもの、他の人たちが気づいていない原因を洗い出して、ビジネスにつなげて新しい世の中をつくっていくため。だから私は新聞を読む」

こうつぶやいてからやると、脳と無意識の動きがまったく違ってきます。

こうした形で、「日常ですることは何のためなのか」をもう一度見直して、新しい目的をつけ直していきます。

一部上場した社長の秘密のつぶやき

以前、こんなことがありました。

私と同時期に27歳で独立起業した社長がいました。彼は、自分が起こした会社を一部上場企業に育てたのです。

あるときその方と、喫茶店で仕事の打ち合わせをし、各々自分でコーヒー代を払うことになりました。それぞれ500円ずつです。

レジに行くと、社長はこそっと何かつぶやいてから500円を支払いました。

私は、うまくいっている人の行動パターンや考え方が非常に気になります。


「社長、今、何かつぶやいてましたよね」

「うん。**『今から私はこういう生きる目的を達成するために、そしてこういう今年の数値目標を達成するためにコーヒー代500円を払う』**なんてことをつぶやいたんだよ」


それを聞いて鳥肌が立ちました。

「そんなことを毎回やってたのですか」

にやっとして彼は言いました。

「この仕掛けがなかったら、今の俺はないね」

「なるほど、そうか！」と私は膝を打ちました。


コーヒー代500円はただ払うこともできます。

それに対して、生きる大きな目的の達成のため、今年の数値目標達成のために50

0円を払うのとでは、同じ500円を払うのでも脳の働き方がまったく違います。

この場合、脳は「また前に一つ進みましたね」の連続になります。「私は順調に前に進んでいる」という感覚が増幅されていくのです。

ただやみくもに払うのか。大きな目的のために払うのか。

その社長の場合は、電車代も何もかも、一つ一つに、それをつぶやきながら払っていました。

このように、「うまくいきそうだ」という「感覚」が重要なのです。感覚が現実をつくるからです。

この社長は、いつもその感覚を育てていました。だから自分が創業した会社を見事に一部上場企業に育てることができたのです。

一般的に、税金や公共料金は渋々お金を払うことも多いでしょう。

消費税は一律のパーセント。所得税なら稼いだ分から決まった分を払うだけの話です。水道光熱費や電話料金も使った分だけ払います。

それを渋々払うのか、喜んで払うのか。ここに大きな違いが生まれます。

ここで渋々払うとどういうことになるでしょうか。

「税金は払いたくなくても出ていく。公共料金は払いたくなくても出ていく」

＝**「お金というのはコントロールが効かないものだ」**

人はコントロールが効かないものを嫌がり、排除しようとします。

「お金はコントロールが効かない＝めんどくさいもの。だったら排除しよう」

大半の人は、無意識にこうした作用が働いて、お金が入ってこなくなるのです。

一方、先ほどの一部上場企業をつくった社長は違いました。

「私はこういう目的のために払う。こういう生きる目的を達成するために、こういう今年の数値目標を達成するためにこの○○○円を払う」

この場合、脳は「目的を達成するために払うんですね。また前に一つ進みましたね」と認識します。これが貧富の差を分ける原因なのです。

目的をもってお金を払う習慣を心がける

お金は「目的達成」のために払う

あなたがもし豊かな人生を望むのであれば、問題回避や外的基準、反映分析型でお金を払うのではなく、ちゃんと目的をつけて払う習慣を身につけるべきです。

そして、**「今から〇〇のために払う」**とつぶやいてください。それを2〜3週間やってみてほしいのです。

最初はめんどうかもしれませんが、慣れてしまえば、脳は「この交通費は〇〇のためなんですよね」「コーヒー代は〇〇のためなんですよね」という信じ込みになります。

あとは放っておいても目的に向かい始めます。そのためには「どういう目的か」をつけていくのが重要です。

STEP

3-2 新たな人格で1日を過ごすトレーニング

ステップ1―3で、理想の考えを持つ3人を選び、合体させたらどんな人になるかを考えてもらいました。そこで、合体させた3人であれば1日をどう過ごすだろうかと想像して、実際に行動してみてください。

脳による「人格の信じ込み」を利用する

脳はあなたの動きを見ています。

個人年収300万円の人は個人年収300万円の動きしかしていません。

個人年収1億円の人は個人年収1億円の動きをしているから、1億円が集まってくるだけの話です。個人年収300万円の人が年収1億円の人格として行動すると、最初は脳も戸惑います。

「あれ？　個人年収300万円なのに、なんかいつもと動きが違うぞ」

しかし、**1億円の人の動きをしていれば、脳はそれを信じ込み、書き換え始めます。**

「昨日も1億円の動きをしていたし、今日も1億円の動きをしていたし、一昨日も1億円の動きをしていた……」

脳は観察していますから、すぐにその記憶が思い出せるのです。

「私ってどういう人？　あ、そうだ、1億円の人格だ」

こうして「私は1億円の人格の人」という信じ込みになるわけです。

理想を言えば、1カ月ぐらい続けていくとそれが安定して、人格の信じ込みが書き換わります。

信じ込みに合わせて現実が変わります。収入が変わり、つき合う人が変わり、集まってくる情報が変わり、いろんなチャンスやオファーが変わります。

ちゃんと脳は集め始めるわけです。

新たな人格で過ごした1日を振り返る

ステップ1－3で合体させた人が自分だとしたら、どういう動きをしそうか、1日の日常の中に加え、行動してもらいました。今度は、1日の行動を振り返り、うまくいったこと、うまくいかなかったことを洗い出します。

ここでぜひやっていただきたいのが、**うまくいったこと、うまくいかなかったことのメタ無意識のチェック**です。

1日の行動にはさまざまなものがあります。歯を磨く、新聞を読む、テレビを見る……こうした日常のこまごまとしたことを、どういうメタ無意識でやっていたかをチェックしてほしいのです。

問題回避型や他者基準から行動していたら、やればやるほど害になります。お金が集まってくるどころか、遠ざけることになるのです。

「今日は問題回避型でお金を払っていたな。じゃあ明日は目的志向型で払おう」
「お客さんと他者基準で話をしてしまった。明日は内的基準、自分基準を持ち出して

話していこう」

このように、背景にあるメタ無意識をチェックします。

人格の構造をニューロロジカルレベルからチェックする

さらに、**今日1日の人格の構造**もチェックしてほしいのです。

どういう環境レベルをつくっていただろうか。どういう行動がその環境をつくっていただろうか。その行動はどういう知識、戦略、能力に基づいて呼び起こしただろうか。その戦略はどういう信念、価値観からもたらされたものだろうか。そして、信念、価値観はどういう自己認識から生まれてきたものだろうか。

「自分は弱い」「自分はダメだ」「自分には価値がない」。こういう自己認識から、「世の中は思いどおりにならない」「何も達成できない」という信じ込みが生まれ、さまざまな戦略が発生します。これだと、何をやってもうまくいきません。

ですから、**人格構造は日常的に見直していく必要があるのです。**

STEP 3-3

絶対的自我を育てるトレーニング

1日の出来事を振り返るとき、必ずやってほしいのが**「絶対的自我」を育てること**です。これをやるかやらないかで、結果がまったく違ってきます。

絶対的自我は「つぶやき」の違いから生まれる

今日中にやろうとしたことが60%しかできなかったとき。
普通の人は次のように心の中でつぶやきます。

「今日はうまくいかなかったな。40%やり残した。明日やればいっか」

こんなつぶやきを続けていくと限定的自我が育ってしまい、まずいことになります。

では、どうすればよいのでしょうか。

「これでＯＫ。完璧。明日は〇〇（＝残りの40％）をやるぞ」

以上。おしまいです。

そして残りの40％は「次の新しい目標」とみなします。残り40％分を明日に持ち越して、新たに１００％としてみていくわけです。

そして次の日、40％のうち50％しか届かなかった場合、それでもこう言います。

「これでＯＫ。達成。完璧」

残りの50％は、また次の日の新たな目標として見立てていきます。

これを繰り返していきます。

うまくいかなかったことに対して、「うまくいかなかった」とつぶやくから、やり残した感覚が残り、さらにうまくいかなくなるわけです。

それをすべて「これで完璧。これでOK」として、残りは別の仕事だとみなすと、何が起こるか。

「私は毎日達成している」「私は毎日完璧な状態でいる」という信じ込みが芽生えてくるのです。

「私は完璧。私は幸せ。たまたま今は貧乏をやってるけどね」
「私は完璧。私は幸せ。たまたま今は病気やってるけどね」
「私は完璧。私はこれでOK。たまたま今は彼女に振られたけどね」

こうしたつぶやきから「私は完璧で、毎日達成している人」という前提が生まれます。その前提から現実がつくられ始めます。

それに対して、「うまくいかなかった」で終わると、「人生は思いどおりにならない」とか、「私はいつも達成できない人だ」という信じ込みが育ちます。ですから、いざ達成しそうになるとブレーキがかかるのです。なぜなら自分の信じ込みに反するからです。これが限定的自我の原因です。ちょっとしたつぶやきの違いなのです。

絶対的自我を育てるつぶやき

時々、こういう質問をされます。

「60%しかいっていないのに、これで完璧とか言うと、満足して向上心がなくなって、うまくいかなくなるんじゃないですか?」

日本では気合いや根性論が必ず出てきますが、それがうまくいかない原因です。**気合いや根性論は「自分には何かが足りない」という感覚がずっとつきまとうのです。**

生活戦略として、1日の最後に5~10分は「私は完璧。これでOK」とつぶやいて絶対的自我を育てる。いろんな人に試してもらっていますが、集まってくる情報、人脈、お金が全然違ってきます。

生産性を高めるには「自分は時間管理ができている」と思うだけでいい

アメリカの社会心理学者がこういう発表をしました。

「仕事の生産性が高いか低いかは、時間管理ができるかどうかとは関係がなかった」

そしてこう続きます。

「自分は時間管理ができていると思っている人は生産性が高い。時間管理ができないと思っている人は生産性が低い。それだけだった」

つまり、**実際に時間管理ができているかどうかではなく、「自分は時間管理ができている」と思っているかどうかが生産性の高さの鍵**だったわけです。

たとえば、あなたは午後3時までに書類を仕上げようとしていました。しかし、「3時に間に合わない。5時までかかりそうだ」というケースも日常にはありますよね。

普通の人なら、ここで5時くらいまでズルズルとやりがちです。すると何が起きるか。**「私は時間管理できない人だ」という信じ込みが強化されます。**

さきほどの社会心理学者の言を借りれば、こういうタイム・マネージメントをしている人は生産性が低くなっていきます。

それに対して、生産性の高い人はこんなことをやります。

「この書類を3時までに仕上げるぞ。よし、3時までやった。でも終わってない」

ここで言います。

「はい、終了。書類作成が終わった」

一回背伸びして、コーヒーを飲んで一休みします。そして、残りの仕事は新しい仕事として見積もるのです。それを5時までに終わらせます。

すると何が起こるか。

「自分は時間管理ができている」という感覚になってきます。

やっている作業は同じです。5時までぶっ通しで、「終わらなかった」と言いながらやるのか。一回3時で終了させて、残りの仕事は新しい仕事として見積もって5時までやるのか。

やることは同じでも、つくられる感覚と現実は全然違っていきます。

私も、作業が時間どおり終わらないことはしばしばあります。

しかし、社会心理学者の話を聞いて、行動を変えたのです。

「予定どおり終了。はい、おしまい。お茶でも飲んで、残りを新しい仕事として見立てよう」

すると、1日にこなせる仕事量が約1・4倍になりました。それが1週間、1カ月、1年になると、こなせる仕事量がまるで違ってきたのです。

やることは同じでも、限定的自我でいるのか絶対的自我でいるのか、「自分は時間管理ができてない」と思っているのか、「時間管理ができている」と思っているのかで違ってくるのです。

「有価値観」は絶対的自我から生まれる

もう一つ、別の観点のお話をしましょう。

女性にこういう人が多いかもしれません。

「私、彼氏に尽くしているのに、いつも『重い』と言われて振られるんです」

この背景に何があるか、おわかりでしょうか。

「自分には価値がない」という信じ込みから、価値が自分から流れ出ています。だから、「認めてもらいたい」「穴埋めしてもらいたい」「私に愛情を注いでほしい」と、誰かに尽くすのです。

受け手からすると、「私を認めて！」「もっと！」という人がきたらどう感じますか？　うっとうしいですよね。これが「重たい」と言われる原因です。

「いやいや、自分で自分のことぐらいちゃんと認めなよ」と思うわけです。

それに対して、「私には価値がある」というのは絶対的自我の感覚です。

「私はもう完璧。今のままでOK」

そんな人に愛を注ぐとあふれ出るのです。有価値観という言葉があるとすれば、そんな状態です。有価値観のある人を相手にすると、「この人といるといいことがありそう。だからこの人を手放しちゃいけない」と人は思います。

絶対的自我のある人のもとに人もお金も集まる

お金は人が管理しているものです。

人が集まってくるということは、お金も集まってくることにつながります。

逆に、人が集まってこないということは、お金も集まってこないわけです。

いつの時代も、いかに人を巻き込んでいくのかが、富を集める鍵になります。

「自分は無価値だ」という信じ込みがあると、人もお金も集まるわけがありません。

STEP 3-4 脳を慣らして限界を超えていく方法

確信度合いが60％を超えると潜在意識がゴールに向かい始める

脳科学の実験で、確信度合いが60％を超えると、「なんかうまくいきそうな気がする。ほら、やっぱりうまくいった」と、信じ込みを現実化しようとすることがわかってきました。

まったく自信がない状態が０％、完全に達成できる自信があるのが１００％だとして、**確信度合いが60％を超えると「達成できそう」という信じ込みになり、潜在意識が達成しようと動き始めます**。しかし、60％未満だと、「ほら、言わんこっちゃない。達成しないじゃん」と証明し始めます。

潜在意識は自分が信じていることを証明したいのです。

ですから、この「確信度合い」を上げていくのはきわめて重要です。

ところが、いきなり100%の状態を想像しようとしても難しいものです。「私はできる」「できると信じる」とただつぶやいても効果はありません。

とくに「私はできると信じる」などと言おうものなら、潜在意識は「『私はできると信じる』と言い続けたいんですね」と受け取ります。

すると「信じると言い続けられる状態をつくらなければいけない。だったら、うまくいっては駄目ですね」と、逆に走っていきます。大変危険です。

そこで脳に「達成できそう」という感覚を芽生えさせていく必要があります。

そのための秘策をこれからお伝えします。

「失敗よりも成功を恐れる」人間の不思議な心理

人間には**ホメオスタシス（日本語でいう「恒常性維持機能」）**があります。特に体は、安定した状態を求めようとします。急激な変化に生理レベルで抵抗するのです。

生きたカエルを熱湯に入れると、「熱い！」と飛び出してしまいますが、水の状態からカエルを入れて茹でると、気づくと茹で上がっているのだそうです。

いきなり熱湯に入れると抵抗するけど、水から茹でると気づかれない。

ここがポイントです。

人も急激な変化に潜在意識が抵抗します。

ですから、気づかないうちになじませればいいのです。

「人は、失敗よりも成功を恐れる気持ちのほうが強い」

こう書くと違和感があるかもしれません。

ところがこれは事実です。ひとたび成功してしまったら「何が起きるんだろう？」と、誰しも見当がつかないため、怖いのです。死後の世界を恐れるのに近いでしょう。

人間は知らない世界に足を踏み入れるのが怖い生き物です。

「バニスター効果」を利用して限界を超えていく

スタンフォード大学にロジャー・バニスターという陸上選手がいました。日本にはなじみがありませんが、海外には「1マイル競争」という1600メートルを走る競技があります。

昔は、この1600メートルを走るのに、4分を切ることができないといわれていました。しかし、このロジャー・バニスターが、初めて4分を切ったのです。

そして何が起きたか。次々に4分を切る人が続出し始めたのです。

そこから**「バニスター効果」**と呼ばれるようになりました。

達成可能であることを誰かが示すと、急にみんなが達成し始める現象です。

日本陸上界にも似た状況がありました。以前、昭和30年代に活躍した陸上選手の講演会を聴きに行ったことがあります。その人は言いました。

「昭和30年代の陸上界では、100メートル走で10秒を切りたいなんて言ったら、変人扱いされたんですよ。でも今じゃ当たり前ですよねえ」

現在、日本の選手は9秒台に突入しています。

誰かが達成可能であることを示すと、「突破できる人がいるんだ。自分もやれそう」という感覚になってきます。それをあなたの脳につかませていくわけです。

そこでスケーリング・クエスチョンを実践していきます。

STEP 3-5 確信度合いのスケーリング・クエスチョン

スケーリング・クエスチョン（Scaling Question）とは、自分の今の状態を数値化して質問を繰り返す心理カウンセリングの技法です。

これを脳・潜在意識を「茹でガエル」にすることに応用します。

体を動かして脳をだます

ステップ2－4で挙げた、1年後、3年後、5年後、10年後、15年後、20年後、25年後、30年後の状態を思い出します。1年目に年収3000万円を稼ぐと決めたとします。

ここからは、実際に体を動かしたほうが効果的です。

①0点から10点の位置を決める

現在の位置が0点、そして完全に達成した状態が10点とします。

0点の位置と10点の位置をはっきりさせます。

0点から10点まで、理想は5メートルくらい歩けたらいいのですが、自宅の部屋などで5メートルも歩けないようでしたら、1点から5点の位置まで行って、Uターンして6点、7点、8点という感じでもいいと思います。

②1歩進んで自分に質問をする

そして、こんな質問をしていきます。

今の状態が0点だとして、1年目につくり出す状態が10点だとします。まず1歩進んで1点の位置に進みましょう。1年目につくり出す状態の実現に向けて動き始めて1点の位置にいるとき、次のように自分に尋ねてください。

「体の状態はどんな様子ですか？」
「ビジネスはどんな状況ですか？」

「家族はあなたにどう関わっていそうでしょうか？」

「家族やお子さんはどんな言葉をかけてくるでしょうか？」

「友人はどんな関わり方をしてくれているでしょうか？」


それ以外にも、1点の位置にいるとき、その他の日常生活、プライベートの場面の様子を想像していきます。趣味や将来やりたいことについてどう関わっているか、想像してください。

③2点～4点の位置へ進んで同様の質問をする

また1歩進んで、2点の位置に入り、同じように想像します。

3点、4点の位置に進み、それぞれイメージしていきます。

④5点の位置に進んで質問を1つ追加する

5点の位置に来ました。同じように自分に質問をして、想像しながら徹底的に感覚を味わってほしいのです。

そしてこの5点では、こういう質問が最後に追加されます。

「1年目につくり出す状態の実現と、1年目に得る収入のめどが立ち始めていますが、その証拠としてはどんなものがありますか？」

ここで、うまくいきそうな感覚を想像してほしいのです。

未来の記憶を思い出す作業です。

⑤6〜7点の位置で同様の質問をする

また1歩進んで、6点の位置に入っていきます。

予定していた収入のめどがかなりつき始めた6点の位置にいるとき、体はどうなっているか、周りの人たちの様子はどうか、想像してください。そしてうまくいきそうなめどが立ち始めた証拠としては、どのようなものがありますか。

そのように、体が抵抗しないように少しずつ慣らしていきます。

7点目も同じように想像します。

⑥8点の位置に進んで質問の表現を変える

8点目には、少しまた言葉がすり替わってきます。

1年目につくり出す状態の実現に向けて、収入のめどがはっきりとつき始めて8点の位置にいるとき、体の状態はどうですか。人間関係はどうですか。どういうことを証拠に、はっきりとめどがついたと感じていますか。

⑦9点の位置に進んで質問の表現を変える

そして9点の位置へ。質問がまた変わります。

1年目に得る状態の実現と、予定収入を得ることが目前となって9点の位置にいるとき、体の状態はどうですか。周りの人たちはどう関わっていますか。どういうことを証拠にその収入を得ることがもう目前になっていると見えていますか。それを想像していきます。

⑧10点の位置に進んで最後の質問をする

そして完全に10点の位置に入ります。達成の位置に来ました。

1年目につくり出す状態を実現させて、1年目の予定収入を予定どおり得ています。そのとき体の状態はどうですか。友人はどう関わっていますか。家族はどう関わっていますか。自分の日常生活や、プライベートはどうなっていますか。

一気に変化しようとするとホメオスタシスが働いて、リバウンドを起こそうとします。ですから、「こんな感じなのね」と、だましだまし受け入れさせて、なじませていくのです。

これを3年目、5年目、10年目、15年目、20年目、25年目、30年目と、それぞれ①〜⑧まで丁寧にやっていきます。最後まで終わったら、この時間軸から1回外れて、体をほぐして、記憶を落とし込んでおしまいです。

朝起きて頭がぼーっとしているときに毎日行う

スケーリング・クエスチョンは、理想としては、夜寝る前と朝起きた直後、ぼーっとした状態のときにやるのがベストです。

私も今でも時々やります。朝起きてぼーっとしているときに、まず1点の位置に入って、10分ほどやるのです。

脳をだます「スケーリング・クエスチョン」

朝起きた直後はまだ理性が眠り、潜在意識がむき出しになっている状態ですから、どんどん刷り込まれていきます。

そして、毎日繰り返しやればやるほど、ビジネスの状況、家族や友人との関わり方、日常生活など、どんどん映像がリアルになっていきます。そして体の感覚もどんどん変わっていきます。未来の記憶を思い出し始めるのです。

達成できないことはもともと想像できません。

パラレルワールド（平行世界）は、さまざまなレベルの自分が同時並行で走っていて、どのレベルに行こうが自由です。上のレベルに行きたければ、すでに達成している自分を思い出せれば、そこに行けます。思い出さないから、行けないのです。

思い出せば思い出すほどリアルになっていきますから、上のレベルに行くのは容易になってきます。

まずは妄想しながらゲーム感覚でやってみてください。

達成している自分のパラレルワールドへ行く

そして、10点まで進むにあたって、途中で「何か嫌なことが起きそうだな」などとよぎる場合もあります。たとえば、活躍し始めると子供と遊ぶ時間がなくなる、趣味の時間がなくなる、税金がとんでもない金額になる……など、ひっかかる人もいます。

それは以降の別ステップで対策しますので、ひっかかりそうなことはメモを取っておいてください。

STEP 4

自分の思いどおりに
現実世界を書き換える

STEP 4-1

脳と無意識にマインドトリックを仕掛ける

前に進んでいるという感覚が現実をつくる

41ページでご紹介した「17段階の意識レベル」の8番目に中性レベルがあります。マイナスレベルとプラスレベルの間です。

7番目の「進んで」からプラスレベルに入ります。これは読んで字のごとく、前に進んでいる感覚です。感情でいうと「楽天的」「うまくいきそうな感覚」です。何度も繰り返しますが、すべては「何かうまくいきそうな気がする」という感覚が重要なのです。

私が研究している心理療法家にミルトン・エリクソンという人がいます。エリクソンはこんなことを言ってます。

「目標というのは重要ではない。目標に対して前に進んでいる感覚が重要なのであって、その前に進んでいる感覚が現実をつくるのだ」

ジョン・レノンも言いました。

「才能なんてくずの寄せ集めだ。唯一あるとすれば、自分はできるという感覚、それこそが才能だ」

このふたつはまさに同じことを言っています。できるという感覚、前に進んでいる感覚、何かうまくいきそうな気がする感覚。これが現実をつくっていくのです。

マインドトリックを仕掛ける具体的ステップ

潜在意識は本当にシンプルです。どういう感覚を持たせるかが鍵になります。

そこで、ここからは、マインドトリックを仕掛けて、脳を錯覚させます。

1年目から30年目、それぞれの年ごとに、こんなことをやっていきます。

まずは1年目。

ステップ1－8、そしてステップ2－4で挙げたような自分でいるため、さまざまなニューロロジカルレベルを整え、目的を果たしていくことを確認しました。

①具体的にやることをメモに書く

そこで、具体的にやることを、付せんなどの小さいメモに1枚につき一つずつ書いていきます。1年目にやることが5個あったら5枚のメモができます。

②「現在の自分」と「1年後の自分」の位置を決めてメモを貼る

床の上に「現在の自分の位置」「1年目の達成した位置」を決めます。そして、1年目の達成までにやることが5つあれば、5枚のメモを床に置きます。

できれば、1枚目のメモ、2枚目のメモ、3枚目のメモ……それぞれのメモの間隔を1メートルほど取るのが理想です。

③1歩ずつ進みメモを確認する

まず現在の自分の位置に立ちます。そして、1年目の達成の位置を向き、あそこまで達成しに行くぞと意図します。まず1枚目のメモ。「これをやって自分は前進するんだ」と確認します。1歩進み、2枚目のメモ。「次にこれをやって、前に進むぞ」

と確認します。そしてまたもう1歩進んで3枚目のメモ。「よし、これをやるぞ」。「そうそう、こんな感じ、こんな感じ」と想像しながら1歩ずつ進んでいきます。最後のメモで「よし、達成」と確認したら、ラインからいったん横に外れます。

そしてまた最初から、このプロセスを3回繰り返します。

④メモの間隔を遠く離す

今度は、それぞれのメモの間隔を、1メートルからさらに広げます。場所が取れれば3メートルくらい離すのが理想です。

また1枚目から順番に進みながら、「最初にこれをやるんだ」と確認し、3メートル歩いて2枚目に進み、「次にこれをやるんだ」と確認します。最後まで行って、「よし、達成」。そしてまた最初に戻ります。

同じプロセスを3回繰り返します。

⑤メモの間隔を縮める

最後はこんなことをやっていきます。

今、3メートル間隔に広がっているメモの間隔をきゅっと縮めます。5枚あるなら、5枚全部を1メートルに収めるのです。

そしてまた、同じようにやっていきます。まず1枚目、2枚目、3枚目……。距離が短いからすぐ終わります。最後まで行ったら、ラインから外れて、また最初に戻ります。

これも3回繰り返します。

このプロセスを、1年目、3年目、5年目、10年目、15年目、20年目、25年目、30年目と、すべての年でやっていきます。

これはいったい何をしているのでしょうか？

じつは**「時間軸」を圧縮**しているのです。

「目的はすぐ達成できる」という感覚をつくること

最初は1メートルの間隔でやることを確認しました。

次は3メートルの間隔でやりました。1メートルに対して3メートルに置くと、一つのメモまで歩くのに時間がかかりますから、達成までに時間がかかる感覚になります。しかし、一度、脳を揺さぶるためにやります。

そして最後は、1メートルの中にすべてを収めると、距離は短くなります。

すると、**すぐ達成する感覚**になるのです。

繰り返しやっていただくと分かりますが、大半の人は**「あれ？　すぐ達成できちゃうかも」**と感じます。

この距離が長いと、達成までに時間がかかる感覚になりますし、その感覚でいると達成が遅くなります。それに対して、1メートルぐらいになると、すぐ達成する感覚になりますし、実際あっさり終わるようになります。

これがマインドトリックの一つで、時間軸を圧縮して脳をだますテクニックです。

そのために時間を一回、伸ばしたり縮めたりしました。

じっくり苦労しながら達成するのも自由です。苦労を味わいたければ味わえばいいでしょう。しかし早く達成したいのなら、距離を縮めて、あっさり達成できる感覚を植えつけておくのをおすすめします。

時間軸を圧縮するマインドトリック

マインドトリックを日々の仕事や勉強に活かす方法

このマインドトリックは、ビジネスパーソンにも受験生にも試してもらっています。その日にやるべきことが多いときは、まず最初にこれをやって、次にこれをやって と、一つ一つメモにして並べます。

同じように、ライン上を歩くことを3回繰り返し、最後は距離をきゅっと縮めて歩いてみる。それから仕事や試験勉強に取り掛かると、達成が加速し、あっさり終わります。

まさに感覚が現実をつくる。そんなことが起きてきます。

これも脳の潜在意識に仕掛ける方法の一つです。私もさまざまな企業で、生産性を上げるトレーニングとしてこれをやってもらいます。

「自分は時間管理ができている」と思っている人は生産性が高く、「自分は時間管理ができない」と思っている人は生産性が低い。ただそれだけの原理なのです。

STEP 4-2

未来からみた「過去」をつくる

普通の人は、「お金持ちになりたい」と思います。

しかし、これでは願望は実現しません。

潜在意識は「お金持ちになりたいと言い続けたいんですね」と受け取るからです。

つまり、お金持ちになったら「お金持ちになりたい」と言い続けられませんから、

潜在意識は「お金を避けなくてはいけない」と動きます。

そして、最終的に「私は今はお金持ちではない」という信じ込みになります。

時間は未来から過去へと流れていく

普通、時間は過去から現在、そして未来に流れると思われているでしょう。

しかし、本当は逆です。

時間というのは、未来から現在、そして過去へと流れています。

いったいどういうことでしょうか？

「お金持ちになりたい」とあなたが言ったとします。

時間は未来から過去へと流れますから、「今、お金を避けないといけませんね」となり、「過去も貧乏、苦労だらけ。そういう出来事にしておく必要があります」となるのです。

「未来、私は１００％幸せだった」とあなたが言ったとします。

これなら**「現在は80％ぐらい幸せであることが必要ですね。だったら、その現実を集めなきゃいけないですね」**と、幸せが集まり始めます。

「だったら過去の意味も変えておく必要がありますね。未来が１００％、現在80％くらい幸せなら、**この出来事があったから幸せになったんだと、過去を解釈し直しておく必要があります**」となるわけです。

こうして、過去の出来事が「浮かばれる」現象が起きます。

「未来、年収は10億円だった」だとしたら「逆算すると、今、年収5億円くらいにはなっていないとつじつまが合いません」となるわけです。

そして、そういう現実が集まり始めます。

過去の記憶についても「年収5億円、10億円いくために、こういう過去の体験が必要だったんですね。こういう知識が必要だったんですね」と、さまざまな解釈がどんどん変わり始めます。

このように、時間は未来↓現在↓過去に流れるため、**未来をどうセットするかで「現実」が変わってくるのです。**

「未来からみた過去」をつくるワーク

そこで今度は未来からみた過去をつくっていきます。

ステップ2-4で、1年後、3年後、

時間は「未来」から「現在」「過去」へ流れる

5年後、10年後、15年後、20年後、25年後、30年後、どんな状態で、どのくらいの収入を得ているのか、洗い出しました。

それをもとにワークをします。

たとえば10年後の自分を、さらに2年後から振り返ります。

いま2020年だとしたら、10年後は2030年。その2年後の2032年から2030年を振り返るのです。つまり、12年後から10年後を振り返るわけです。10年後が終わったら、20年後、30年後と、各年についてやっていきます。

では、ここからワークに入ります。

いま、12年後の2032年だとします。その2年前である2030年を振り返ってみましょう。ステップ2－4で挙げた10年後の自分を実現したとわかったときのことを思い出してください。

◎そのとき、あなたはどこにいましたか。

◎2030年にそれを実現したとわかったとき、あなたはどのような服装をしていましたか。思い出してみてください。

◎2030年に実現したとわかったときの直前、あなたは何をしていましたか。

◎2030年に実現したとわかったとき、あなたは何をつぶやきましたか、

◎2030年に実現したとわかったとき、どんな気分でいましたか。どんな香りや匂いがしましたか。

◎2030年に実現したとわかったとき、どんな温度感がありましたか。温かかったですか、寒かったですか。そしてその実現したことを、最初に誰に言いましたか。そのとき、その人はどんな反応をしてくれましたか。どんな声を掛けてきましたか。

◎2030年に実現したとわかったとき、あなたはその後、どんな行動を取り始めましたか。

◎そして、改めて2032年から、2年前の2030年を振り返ってみると、この10年間、具体的にどんなことをしてきたから、達成したと思いますか。何が効果的でしたか。

◎そもそも2030年は、どうしてそういう自分でいたかったのですか。どうしてそれを達成したかったのですか。

◎2030年、その自分を実現させることは、人生というくくりから見ると、どういう意味があったでしょうか。

憧れの2人からアドバイスをもらうワーク

そして最後です。

自分の人生において憧れる人、あるいは尊敬する人を2人挙げてください。

スポーツチームに監督がいるように、お芝居に演出家がいるように、映画に監督がいるように、人生全体を眺めてプロデュースしてくれる人、アドバイスをしてくれる人が重要なのです。

ここで、その憧れの2人になりきって、2030年に達成した自分を観察します。

一度体をほぐし、自分から抜け出して、まず憧れのAさんになりきってください。

そして、目の前にいる自分に、2030年の自分を達成するのに何が効果的だったか、どんなことをやればもっとうまく達成ができたか、アドバイスします。

今度は、もう1人の憧れのBさんになりきってください。Bさんとして、「ああいう行動を取ってたけど、本当はこうしたほうがもっと効果的に達成できたと思うよ」

「12年後の自分」が「10年後の自分」を振り返る

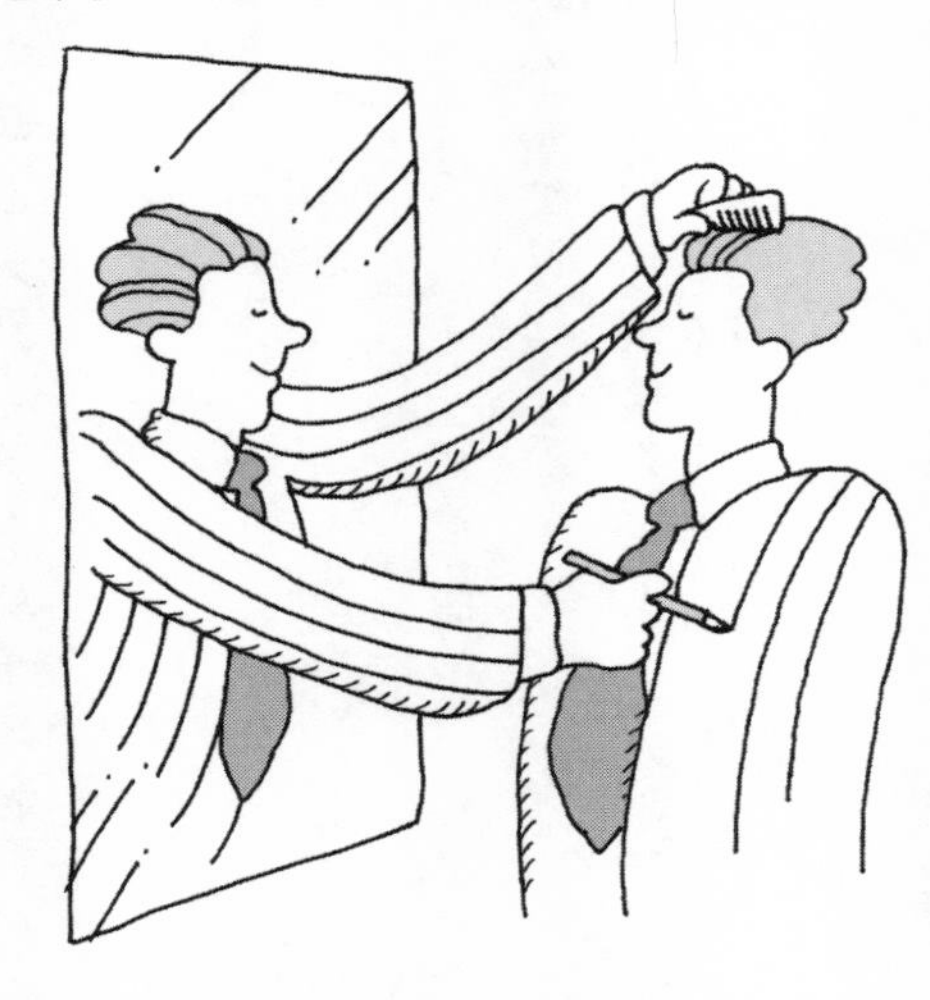

などのアドバイスをしてください。
そしてまた元の自分に戻ってください。
目の前には、尊敬するAさんBさんの2人がいます。2人からの意見を聞いて、**「なるほど。そういうやり方もありましたね。じゃあ次の10年につなげていきます」**と受け取ってください。
こうやって未来の記憶をどんどん過去のことにしていきます。

STEP 4-3

自分の「思い込み」に合わせて世界をチューニングする

私が憧れる人、尊敬する人としてよく使わせてもらうのが、坂本龍馬さんとスティーブ・ジョブズさんです。

スティーブ・ジョブズさんなんてとても辛辣(しんらつ)です。「そんなものは自分で考えろ！」と言われたりします。でも、そこに何か重要なヒントがあったりします。

その人になりきって、アドバイスやヒントをキャッチしてほしいのです。

そしてまた自分の中に戻って、2人の言葉を咀嚼(そしゃく)し、解釈する。

これが「集合的無意識からヒントを得る」ということです。

私たちは「個人の意識」で考えているから限界があります。

集合的無意識にはさまざまな偉人たちの知恵が詰まっています。

利用しない手はないわけです。

この本の冒頭にトーマス・エジソンの言葉を引用しました。

「首から下で稼げるのは1日数ドルだが、
首から上を働かせれば無限の富を生み出せる」

首から下を動かすのは個人の意識で考えることです。

しかし、マインドトリックを仕掛けたり、脳にさまざまな学習をさせたり、集合的無意識も味方につけたりしていくと、首から上を動かすことができます。

そんなところから、無限の富を生み出せるのですね。

そこに発明王トーマス・エジソンは気づいていたわけです。

普通の人は、リーマンブラザーズが倒産したとき、「景気が冷え込むぞ」という信じ込みをつくり、信じ込みどおりに自分の周りの景気が悪くなっていきました。世の中の現実に自分を合わせるからうまくいかないケースです。

一方、うまくいく人は、まず自分の信じ込みをつくり、その信じ込みに現実を引き合わせ始めます。当時、リーマンブラザーズの倒産で儲けた人もいたのです。

「私はこういう人。だから、こういう現実をつくる」

するとと多分、周りからはこう言われます。

「できっこないじゃん」
「年収10億円稼ぐって、おまえバカか」

それでいいのです。10億円が必要だから稼ぐだけです。私はこういう世の中をつくるから。以上。そこからブレなければ、現実が動き始めます。

私も何度も体験していますし、私が研究させてもらった成功者たち、たとえば平均5年で個人年収1億円突破したような方々も同じ原理を使っていました。

だから、私のプログラムを受講してくれたメンバーたちに、個人年収1億円を突破する人が続々と出てくるわけです。

「年収1億円突破なんてこんなもの」の感覚

私は、1億円を突破した人たちに「気分はどう?」と聞きます。

「こんなもんなんですね、年収1億円というのは」

答えはこんな感じです。

実際にミリオネアになると、「ただ払う税金が増えてるだけ。預金残高が増えてるだけ」という感じなのですね。

なぜそんな感覚になるのか。

これまで解説してきたイメージトレーニングで何度も未来からみた過去をつくったため、年収1億円の達成感をすでに味わっているので、感覚に慣れているのです。

だから、「こんなもん」と感じて、高揚感がないわけです。

まず一度イメージで体験し、そのあとにリアルで体験するわけです。

世の中の信じ込みに自分を合わせるのではなく、自分の信じ込みをまず確立させて、現実をチューニングする。

物理学の世界では証明され始めていることです。そのために、時間の原理を利用して「未来から見た過去」をつくっていくことが、絶対に必要になります。
まずはゲーム感覚で妄想してみてください。
未来の記憶を思い出し始めますから、メモを取っておいてください。
やればやるほど、記憶の輪郭がはっきりして、リアルになっていきます。
それに現実が本当に追いかけていきます。

STEP 4-4

脳の海馬と前頭前野を調整する

脳の内側に**海馬**と呼ばれる部位があります。海馬は、記憶や五感情報を保存する部位であり、ストレス反応を管理する部位でもあります。

その前方に、前頭前野腹内側部と呼ばれる部位があります。

海馬で五感情報がキャッチされると、この前頭前野腹内側部に、「世の中とはこういうもの」「私はこういう人」という認識が言葉として引き継がれます。

前頭前野腹内側部は、特に目的を管理する部位です。「私は弱い人だから、弱い人という目的を果たすためにみんな動いて」「世の中は思いどおりにならないのだから、思いどおりにならないという前提で動いて」などと指示を出すのです。

ストップウォッチのゲームも前頭前野腹内側部が鍵

89ページでストップウォッチの文字盤を見ずに5秒でぴったり止める実験を紹介しました。どのストップウォッチを使うかコンピューターに無理やり選ばされて挑戦したときは、うまくいったら脳は喜び、うまくいかないとへこみます。

一方、使用するストップウォッチを自分で選んだ場合は、成功しても面白くありません。自分が選んだのならうまくいくのは当たり前だからです。それに対して失敗すると、「どうすればうまくいくのか」と面白がり始めたのです。

これこそが**前頭前野腹内側部の反応**です。

結果に一喜一憂する、うまくいかないとネガティブな感覚に陥るのは、自己決定感がない状態です。自己決定感がなければ目的がずれているので、見直す必要があります。

Aさんは、失敗を恐れて新しいことにチャレンジしません。

そして、結果に一喜一憂して、へこんだりブツブツ言ったり。

Bさんは、「失敗なんてただの学びじゃないか」と考え、新しいことにチャレンジします。自己決定感がありますから、失敗しても「失敗しちゃった。ウケるんですけど。じゃあ、どうすればクリアできるんだろう」と反応し、動いていく。

どちらがタフに稼げると思いますか？

もちろんAさんは稼げません。失敗を避けて動かないからです。

それに対してBさんは、失敗を面白がります。「だって新しい方法をまた開発できるじゃん」と、エジソンのようになっていきます。

自己決定感があると、成功率はどんどん高まるのです。

どちらがタフに富を集めて充満させられるかは明白です。

コルチゾールまみれになった海馬の末路

では、ストレス耐性に強くなり、自己決定感を持つためには、何が必要でしょうか。海馬や前頭前野腹内側部を具体的にどう調整し、トレーニングすればいいのでしょうか。

苦痛を情報処理する脳の部位が動くと、「副腎」に命令が出て、ホルモン物質であるコルチゾールが放出されます。危険を知らせ、それに対処してもらうためです。

しかし、過去の記憶を保存する海馬に、対処するための情報がないと動けません。

そしてまた、「早くしろよ。危険なことが起きてるぞ」とコルチゾールが出ます。

しかし海馬は「どうすればいいかわかんねえんだよ！」と、さらにコルチゾールが出て、海馬とせめぎ合いになります。

その結果、何が起きるか。

コルチゾールまみれになった海馬はダメージを受けます。海馬を支える神経が衰え、記憶が保てなくなるのです。そこで、ぼろぼろと記憶が抜け落ち、認知症という現象を生んでいると考えられます。


「世の中は思いどおりにならない」

「私は何もできない」

「悩みを解消することができない」


こうした情報が入ってくると、前頭前野腹内側部が引き継いでしまいます。「私って駄目な人間なんだね。私って弱い人間なんだ。価値がない。それならその目的に合わせて体に指示を出します」となる。だから、おかしなことになっていくのです。

これを調整する必要があります。

コルチゾールが栄養になる海馬の慣らし方

コルチゾールはストレスホルモンです。しかし、実はあることをしておくと、コルチゾールが放出されても、逆に海馬が元気になることがわかってきました。失敗しても、「いや、ウケるんですけど、面白いことが起きた」とタフになるのです。

それが、**「海馬を慣らしておく」**ということだったのです。

私も経験があるのですが、高級レストランに行くと、何種類ものフォークやナイフがあり、グラスも3種類くらい並べられ、「どれを使うの？」と戸惑います。緊張してしまい、料理の味も感じられません。

しかし慣れてくると、こういう順番でフォークとナイフを使えばいいんだよねとわかってきますから、料理の味も楽しめるようになってきます。

重要なのは「慣れ」なのです。

20代前半、私はファッションデザイナーをやっていたことがありました。シーズン

海馬と前頭前野

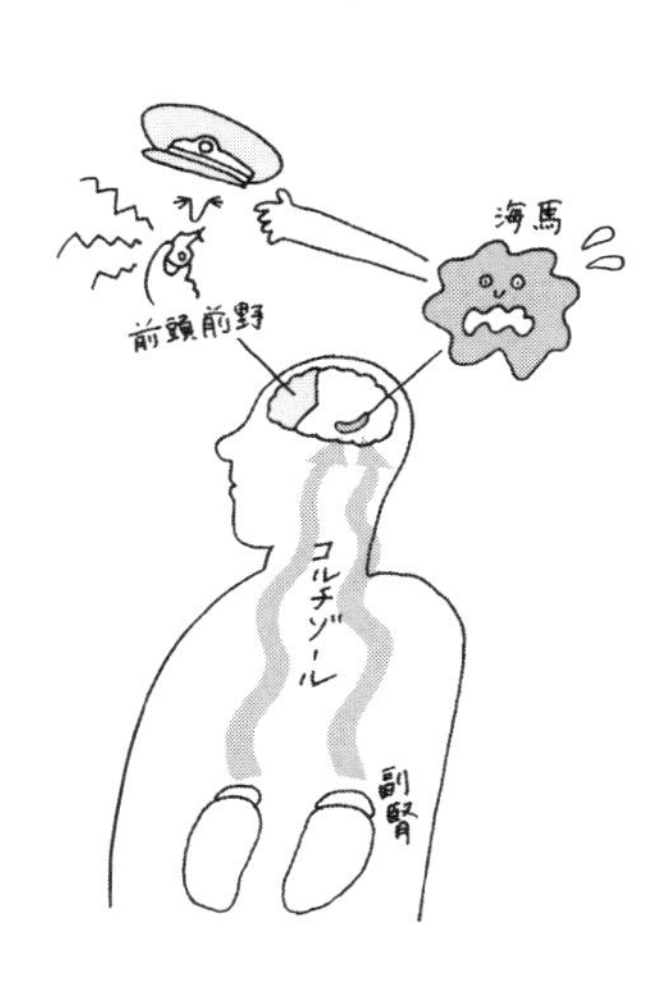

ごとにファッションショーを開催します。ランウェイを颯爽（さっそう）と歩き、格好よく戻っていくモデルたち。その裏では、まるで戦場のようにあわただしく、素っ裸になって着替えているのです。次の服ですぐにランウェイに出なければいけませんから、時間との戦いです。私は、ファッションショーをやっているうちに、きれいな女性の裸を見るのも慣れてしまいました。

普通の男性なら、きれいな女性といると緊張することも少なくないと思いますが、仕事で慣れてしまうと、なんともなくなります。

必要なのは慣れです。慣れると落ち着

くのです。

慣れていないから「早くしろ」とコルチゾールが出るわけです。そうするとダメージを受けてしまいます。

しかし、避難訓練のように慣らしておくと、コルチゾールが出るほど海馬は元気になります。ストレスがかかればかかるほど、「面白いじゃないか」と反応し、自己決定感が出てくるのです。

想定外のことが起きるから海馬が慌ててしまうので、あらゆることを想定内にしておくわけです。

STEP 4-5 「マイナス思考戦略」で避けたいことを洗い出す

ステップ3－5で、1年目、3年目、5年目、10年目……と、スケーリング・クエスチョンをやりました。そのなかで、たとえば途中で**「なんとなく、こんなことが起きそうだな」**という感覚が生まれたかもしれません。

「忙しくなって遊ぶ時間がなくなりそう」「嫌なやつに頭を下げなきゃならなくなりそう」「有名になり過ぎたら、おおっぴらに遊べなくなるかも」……といった避けたいことが出てきます。それをすべて洗い出します。

1年後から30年後まで、その年ごとに考えていきます。

まず1年後の自分でいるために、そして必要な収入を得ていくために、達成までの過程で避けたいこと、達成のあとに避けたいことを洗い出します。

次に、その避けたいことが起きたときに、どのような信じ込みが生まれそうですか。

【避けたいこと】目標の収入を達成できない
↓「人生は思いどおりにならない」という信じ込み
【避けたいこと】嫌な人に頭を下げる
↓「達成するのがめんどくさい」という信じ込み
【避けたいこと】達成のあとに遊ぶ時間がなくなる
↓「有名になると、失言してネット上でたたかれる」という信じ込み

こうしたものをすべて洗い出します。

出来事があったから信じ込みが芽生えるわけではありません。もともと信じ込みがあるから、避けたいことが引き起こされるのです。

重要なことなのでもう一度言います。

出来事があったから信じ込みが芽生えるわけではありません。もともと信じ込みがあるから、避けたいことが引き起こされるのです。

脳は逆に動きます。

避けたいことが起きると、「こういう信じ込みを持っているんだ」と発見できます。だとしたら、先手を打って、その信じ込みを壊しておけばいいのです。そうすればその出来事が引き起こされる必要はありません。

そのために、信じ込みを洗い出していきます。

そして改めて、**その出来事の中に感謝できる点、喜びを感じる点がないかどうか、**考えてみてください。

「避けたいこと」「起きてほしくないこと」を想定するメリット

「あなたの避けたいこと、起きてほしくないことは何ですか」

「売上を落としたくない。お客さんを減らしたくないです」

「それ以外の避けたいことは何ですか」

「……とくにありません」

ビジネスがうまくいかない人や、病気の人と話していると、避けたいこと、起きてほしくないことがほとんど出てきません。避けたいことを見ないようにしています。

思い出すと不快だから、普段から考えないようにしているのです。

だから売上が伸びないし、病気が治らないのです。

避けたいことを見ないようにするのではなく、最終的に「このネガティブな出来事はこういう喜びや感謝につながるんだ。こういうふうに対処するんだ」と解釈し直しておくことで、自己決定感が生まれます。

すると、前頭前野が元気になって、成功確率が高くなってくるわけです。

ですから、避けたいことを徹底的に調整し、脳のプログラムを新陳代謝させていってください。

嫌なことが起きると、最初は「まずいことが起きた」と慌てますが、海馬は落ち着いています。

「大丈夫、想定内だから、気にしないで。もう新しい解釈を持ってるから」

これが、ストレス耐性が強くなるということです。

こうして海馬を調整することが、器を大きくすることになります。

ドナルド・トランプ大統領が実践する「マイナス思考戦略」

このようにネガティブを利用することを、ビジネスの世界では、**「マイナス思考戦略」**と呼んだりします。これをうまく利用しているのが、第45代アメリカ大統領ドナルド・トランプです。

彼はもともと不動産王です。著書によると、彼には「マイルール」があるそうです。

たとえば、大きな不動産投資をするとき、失敗したらどういう金銭的損失が発生し、どういう風評被害が出て、どういうリスクがあるのか、まずは洗い出すそうです。

そして、もし投資が失敗したら、金銭的損失をどう穴埋めし、この風評被害はどう封じ込め、それぞれのリスクをどうカバーするのか、すべて対応できると判断したものしか手を出さない。それが彼のマイルールとのことでした。

もちろん失敗した案件はたくさんあります。しかし、失敗してもすべて想定内ですから、「大丈夫、ちゃんと対策を考えてある」という具合です。

だから海馬が慌てないのです。

「マイナス思考戦略」で海馬を慌てさせない

海馬を調整し、五感情報を更新し、新陳代謝していくことによって、「私ってこういう人」「世の中ってこういうもの」「こういう戦略で動く」「こういう信じ込みで動く」という情報が更新され、前頭前野に引き継がれていきます。

前頭前野が更新されれば、「こういうふうに動きなさい」と、高次運動野から全身に指令が出ます。そして、体の新陳代謝が始まり、呼び起こされる行動が変わって、現実の新陳代謝が起きていきます。

STEP

5

集合的無意識にアクセスして「答え」を得る

STEP

5-1

集合的無意識にアクセスする方法

いよいよ、**あなたの無意識を鍛える最終ステップ**です。

海馬や前頭前野を調整し、脳のプログラムの新陳代謝をすると、体の新陳代謝も、現実の新陳代謝も進んでいきます。

現実の新陳代謝には人間関係も含まれます。

たとえば仲の良かった友人と疎遠になることもあるでしょう。しかし、長い目で見ると必要なことしか起きません。現実の新陳代謝がただ始まっているだけの話です。目の前のことだけを眺めているとわかりませんが、ズームアウトして引いて見ると、「ああ、こういう大きな生きる目的におけるプロセスの一つにすぎなかったんだ」と、だんだん気づいてきます。そして、海馬や前頭前野がタフになってきます。

一人で考えずに「集合的無意識」に頼る

達成したい自分ははっきりした。生きる目的、役割もはっきりした。そのためにどれほど経費がかかるのか、どれほど収入が必要なのか、脳の調整もしていった。

では、どう達成していけば、より効果的なのか？

これが最後のステップになります。

「答えは自分の中にある」とよく言います。

その導き出し方を教えます。

現実的問題として、マーケティングやお金の増やし方の勉強も必要でしょう。

しかし、それ以前にあなた一人で考えても限界があります。

一番いいのは、**集合的無意識に頼る方法**です。

世界には、さまざまな島や大陸があります。それぞれ個別に存在しているように見えます。しかし、海の中では一つの地球としてつながっています。

島や大陸が個人の意識だとしたら、海底でつながっているのは集合的無意識です。

ここには、さまざまな過去の偉人たちの知恵も詰まっています。

ここにアクセスして知恵を借りるのです。

「人間は脳や潜在意識の5～10％しか使わずに死んでいく」とよく言われますが、潜在意識の90％以上を使わない原因の一つは、この集合的無意識を活用していないことにあります。

集合的無意識に問いかけるワーク

たとえば、２０○○年末までに年収1億円を達成すると決めたとします。

それを実現したければ、こうつぶやいてください。寝る前につぶやくのが一番効果的ですが、日中つぶやいてもけっこうです。

「未来の『本当の私』さん、私は何月何日までにこういう状態をつくり出していて、そのために必要な物質的なもの、環境、人間関係、知識、能力、情報、感情、収入などを集めています」

このように潜在意識に達成したい状況を教えます。そしてさらに問いかけます。

「どのようにしてこれを達成したのか。どのようにして必要なものを集めたのか。思い出しておいてください」

こうつぶやいて寝ます。

私もよくつぶやいてから寝ます。私の場合、大体、答えが夢の中に出てきます。だからベッドサイドにメモとペン、スマホを置いておき、忘れないうちに、夢をメモしたり、自分あてにメールしたりします。

そして、そういう夢をかなり利用します。

STEP 5-2

気づいたことのメモを蓄積して分析する

「潜在意識さん、未来の『本当の私』さん、私は何月何日までにこういう状態をつくり出しています。そのために必要な物質的なもの、環境、人間関係、知識、能力、情報、感情、収入などを集めています。それをどのようにして達成したのか、どうやって集めたのか、思い出しておいてください」

日中もこうつぶやきながら、日常に起きた何気ない出来事から、行動したこと、誰と会って何を話したか、その出来事についてどう思ったか、あらゆることをメモしておきます。

大学ノートを用意し、ページを半分に分け、左半分に起きた出来事、右半分にそれについてどう思ったかを書くのもいいでしょう。

たとえば、こんな感じです。

【左半分】朝起きてテレビを見た。

【右半分】コメンテーターの言葉が気になった。どうして気になったのか。ちょっとむかついた。Bさんの意見は面白かった。

昼間、こんな食事をした。その後、こんなお客さんと会って仕事をした。そしてこんな感想を持った。起きたこと、会った人、思ったこと。それをメモしておきます。

3日、4日、5日と経つうちに、メモはデータとしてだんだんたまっていきます。

1週間分くらいたまったら、それを振り返ってみてください。

「これらの出来事に共通点はあるだろうか？」

こう自分に問いかけて共通点を探っていくと、**「どうやって達成したのか、思い出しておいてください」と潜在意識に頼んでおいたヒントがポンッと出てきます。**

集合的無意識がヒントを与えてくれる

これはもう見事です。問い掛けをし始めると、変化が起き始めるはずです。

たとえば、親が突然謝ってきた。「昔こんなことがあったのよ」と昔話をし始めた。こういうことが増えます。周りの人の口を借りたり、テレビのコメンテーターや新聞記事を使ったり、集合的無意識からさまざまなヒントが集まり始めます。

そして今度はそのヒントが**「どういう意味があるんだろう？」と問い掛けてきます。**

夢で見たクモの巣がビジネスの問題を解決した

以前私は、クリアしたいビジネスの課題があったので、寝る前にこうつぶやき始めました。

「潜在意識さん、今、こういうビジネスの課題があります。それをこういう状態に解決しています。どのようにして、それをクリアしたのか、達成の過程、手段、戦略を思い出しておいてください」

その夜に見た夢です。

とても明るい体育館の中に、クモの巣がびっしりと張られていました。

「怖っ！　なんじゃこれ。気持ちわるっ」。夜中に一度起きてトイレに行き、寝直すことにしました。するとまた、そのクモの巣の映像が出てくるのです。

「ちょっと待て。そういえば、俺は寝る前に、このビジネスの課題をどのように解決したのか思い出しておいてくれと問い掛けたな。何か意味がありそうだ」

そう思い直し、この夢を丁寧に見始めたのです。

体育館の中を観察すると、大きな黒いクモが1匹、じいっとしていました。私はビクッとしました。

しかし、何か教えようとしているのだろうと思ったので、目が覚めると、忘れないようにそのことをメモしておきました。

そして昼間、問い掛けました。

「あのクモの巣は、私に何を教えているのだろうか？」

3日間、問い続けました。すると3日目に答えが出てきたのです。

まさに「クモの巣」でした。そのヒントをすぐ実行に移すと、ビジネスの課題はクリアしてしまいました。

その後、クライアントである経営者にこの話をすると、「面白いじゃないですか。それ、うちの社員研修でやってくださいよ」と言われたのです。

「いくらでやってくれます？」と言うので、ただの夢を使った簡単な方法ですから、冗談だと思った私は、「じゃあ、100万円で」と返しました。

すると「それでお願いします」と、その場で売れてしまったのです。

さらに潜在意識に問いかけてみると……

クモの巣の夢が、ビジネスの課題をクリアし、さらなるビジネスにもつながったため、私も欲が出てしまいました。クモの巣はまだ何か教えてくれているのではないかと思い、**「クモの巣さん、まだ何か、私に気づかせることがありそうですね」**と問い掛けていたら、その3日後にハッと気づきました。

「『これが原因かな？　あれが原因かな？』とバタバタ動くんじゃなく、網を丁寧に張って待っておけ。ビジネスがうまくいかない原因も、健康になれない原因も、何かがその網に引っかかってくれるはずだから」

まさにクモの巣の映像で暗示していたのです。

なるほど、網を張ろう。うまくいかない原因が引っかかるための網。その一つが、当時作成した「108の質問リスト」でした。それを使ってセッションをすると、物事がうまくかない原因が洗い出され、望む状態を手に入れる人が続々と出始めたのです。

うわうわ、簡単だな。そして、また少し、欲が出たのです。

「クモの巣さん、まだありそうですね」

またその3日後でした。「天才はつくれる」とひらめいたのです。

天才たちの脳、いわゆる天才脳は、視覚、聴覚、味覚、触覚、嗅覚の神経、いわゆる五感が連携して動きます。

たとえば、この映像はこんな味がする。この音はこんな色だ。この味は温かい。五感が連携して動くことを「共感覚」といいます。

ピアニストの辻井伸行さんは、目は見えませんが、「音が見える」と言っているのを聞いたことがあります。そのように、他の感覚が補ってくれるのです。

「天才脳」はつくれる。まさにクモの巣だとひらめいたのです。

この気づきから、本書の内容の原型となるプログラムをつくりました。

STEP

5-3 潜在意識が集めてきたヒントから行動に移す

いよいよこれで最終ステップです。おつかれさまでした。

普通の人は、目の前のことばかり必死に変えようとします。

しかし、原因がわからないから、うまくいきません。

私は、**このメタ無意識、つまり現実の背景にある「器」を見にいきます。器が変わると、現実も勝手に変わっていくからです。**

集合的無意識に問いかけることもまさにそれです。

何のためにテレビのコメンテーターの話を聞く必要があったのだろう。何のためにこの昼食を食べる必要があったのだろう。何のために街中で関西のおばちゃんの世間話を聞く必要があったのだろう。

すべてに意味があります。

「なるほど、こうやって潜在意識はヒントを集めてくるのか！」

つくづくこう思わされます。

この手法には慣れが必要です。

答えにすぐ気づく日もありますが、このやり方に慣れた私でも3日くらいかかるのが普通です。しかし、だんだん慣れてくると、気づくのも早くなっていきます。

そして、それをどんどん実行に移すことで現実がどんどん変化していきます。

普通の人は、自分の潜在意識に問い掛けることをしないで、ビジネスのスキルを勉強しなくては……マーケティングを勉強しなくては……と、やってしまいます。

それももちろん必要でしょう。

しかし、この集合的無意識に問い掛けるやり方が一番早くて確実です。

なぜならば、自分が答えを一番知っているからです。

おわりに

無意識にとっては1万円稼ぐのも1億円稼ぐのも同じ

脳にとっては、1万円を稼ぐのも1億円を稼ぐのも同じです。

金額は関係なく、お金を稼ぐ行為としてカウントするからです。


「では、どうして1万円を稼ぐのは簡単なのに、1億円を稼ぐのはなかなかうまくいかないのか？」


この本の最初にあなたに問いかけたクエスチョンです。

それは、**「1億円を稼ぐのは難しい」という信じ込み**があるからです。1億円を稼ぐのが難しいという信じ込みを何とかしなければいけません。

できるかどうかではなく、1億円を稼ぐことが必要なのだと脳に教えていく必要があります。

日本経済新聞や、日銀総裁、海外のエコノミストなど、さまざまな専門家が、「東京オリンピックで盛り上がったあと、日本の景気は急速に衰退し、想像もつかないような不景気が来るだろう」と予測しています。

私もそうにらんでいます。２０２０年以降、流れが大きく変わっていくでしょう。今までの資本主義の常識が通用しない時代がやってきます。

そんななかで、富を集め充満させる人格となって、世の中に求められ続ける人になるためには、何をすればよいか？

エジソンは言いました。


「首から下で稼げるのは1日数ドルだが、首から上を働かせれば無限の富を生み出せる」


その方法を５つのステップにしてお伝えしてきました。

潜在意識は、あなたに「本当の自分」として、この人生を生ききってほしいのです。

そのために必要なものは集めてきます。

現実に信じ込みを合わせるのではなく、自分の信じ込みをつくり直して、それに現実を引き寄せる。

そうやって、富を引き寄せ、役割を全うしていくことを望んでいるのです。

そのためにこの本を何度も繰り返し活用していただければと思います。

そして、他のさまざまな有料動画プログラムもご用意しています。ご興味がありましたら、そちらも体験してみてください。

最後までお読みくださり、ありがとうございました。

２０２０年 春

梯谷幸司

【著者プロフィール】
梯谷幸司（はしがい・こうじ）
心理技術アドバイザー／メンタルトレーナー
トランスフォームマネジメント株式会社代表取締役
トランスフォーミング・ワークス代表
人間心理、言語心理学、催眠療法、NLP（神経言語プログラミング）など、これまで世界的な専門家に師事し、30年以上の歳月をかけ、科学的手法に基づいた独自の成功理論「梯谷メソッド」を確立。
夫婦問題からうつ病患者、経営者、アスリートにいたるまで、クライアントの抱える先入観や思い込みを素早く特定し、脳の95%を支配する潜在意識をフル活用させ、精神的、身体的苦痛を伴わずに、のべ7万人のセルフイメージを変革してきた。
わずか30分で成功者ゾーンに意識変革させるその手法は、経営者やビジネスマンからも「きわめて再現性が高い」と絶大な支持を得ている。一方、NLPをベースにした言葉と行動の関係理論「LABプロファイル」のトレーナーとして、日本での普及活動に注力。
20年超にわたるキャリア、起業家からアスリートまで、幅広いクライアントとのセッション経験を武器に、外資系企業へのコンサルティングや研修事業なども行う。一般向けにはワークショップを精力的に開催しており、口コミにより受講生が集まり、つねにキャンセル待ちの盛況ぶり。
独自の心理技術については、東京大学大学院の教授も共感し、脳報酬系による免疫システム活性化の検証など、2018年より東京大学大学院で心理技術の裏付けとなる研究も始められるなど、専門分野を横断した新しい研究にも精力的に取り組んでいる。
著書に『“偽りの自分”からの脱出』（幻冬舎）、『本当の自分に出会えば、病気は消えていく』（三笠書房）、『なぜかうまくいく人のすごい無意識』（フォレスト出版）がある。